NÃO TRAGO OURO NEM PRATA

PAPA FRANCISCO

NÃO TRAGO OURO NEM PRATA

Palavras do Papa Francisco em sua Visita Apostólica durante a Jornada Mundial da Juventude 2013

Organização de Silvio Grimaldo de Camargo

Tradução: Libreria Editrice Vaticana e Rodrigo Gurgel

ECCLESIAE

Não trago ouro nem prata: as palavras do Papa na XXVIII Jornada Mundial da Juventude – Papa Francisco

1ª edição – agosto de 2013 – CEDET

Foto da capa: Luca Zennaro / POOL / AFP

Os direitos desta edição pertencem ao
CEDET – Centro de Desenvolvimento Profissional e Tecnológico
Rua Angelo Vicentin, 70
CEP: 13084-060 - Campinas - SP
Telefone: 19-3249-0580
e-mail: livros@cedet.com.br

Editor:
Diogo Chiuso

Organização:
Silvio Grimaldo de Camargo

Tradução:
Libreria Editrice Vaticana e Rodrigo Gurgel

Revisão:
Rodrigo Gurgel

Capa & Diagramação:
J. Ontivero

Impressão:
Daikoku Editora e Gráfica

SUMÁRIO

NÃO TENHO OURO NEM PRATA,
MAS TRAGO O QUE DE MAIS PRECIOSO
ME FOI DADO: JESUS CRISTO!

ORAÇÃO PELO SANTO PADRE

℣. Oremos pelo nosso Pontífice Francisco
℟.O Senhor o guarde e o fortaleça, dê-lhe a felicidade nesta terra e não o abandone à perversidade dos seus inimigos.

℣. Tu és Pedro!
℟. E sobre esta pedra edificarei a minha Igreja!

OREMOS
Ó Deus, Pastor e guia dos vossos fiéis, olhai com bondade o vosso servo, o Papa Francisco, que constituístes Pastor da vossa Igreja; dai-lhe, por sua palavra e exemplo, velar sobre o rebanho que lhe foi confiado para chegar com ele à vida eterna.

Por Cristo, Senhor nosso. Amém.

Indulgência parcial.*

---

*Indulgência é a remissão, diante de Deus, da pena temporal devida pelos pecados já perdoados quanto à culpa, que o fiel, devidamente disposto e em certas e determinadas condições, alcança por meio da Igreja, a qual, como dispensadora da redenção, distribui e aplica, com autoridade, o tesouro das satisfações de Cristo e dos Santos (N.1). (...) Para que alguém seja capaz de lucrar indulgências, deve ser batizado, não estar excomungado e encontrar-se em estado de graça, pelo menos no fim das obras prescritas (N.20, §1) – *Normae de indulgentiis. Enchiridion indulgentiarum.*

ENCONTRO COM OS JORNALISTAS DURANTE O VÔO PARA O BRASIL

Segunda-feira, 22 de julho de 2013

PADRE LOMBARDI (PORTA-VOZ DO VATICANO)

Santo Padre Francisco, bem-vindo ao meio desta comunidade voadora de jornalistas, operadores das comunicações. Sentimos grande emoção pela possibilidade de acompanhá-lo em sua primeira viagem intercontinental, internacional, depois da comovedora deslocação a Lampedusa! Além do mais, é a primeira viagem ao seu continente, quase ao "fim do mundo".[1] É uma viagem na companhia dos jovens; por isso, suscita um grande interesse. Como pode ver, ocupamos todos os lugares disponíveis para os jornalistas neste vôo. Somos mais de setenta pessoas, obedecendo a composição do grupo segundo critérios de grande variedade, ou seja, temos representantes das televisões – tanto repórteres como operadores de câmara –, os representantes da imprensa escrita, das agências de notícias, da rádio, operadores de internet... Praticamente estão representados, e de forma qualificada, todos os *mass media*. E estão representadas também as culturas, as diferentes línguas. Temos, neste vôo, um bom grupo de italianos, em seguida aparecem naturalmente os brasileiros, que vieram inclusive do Brasil para voar junto com o Santo Padre: há dez brasileiros que vieram de propósito para isso. Depois temos dez dos Estados Unidos da América, nove da França, seis da Espanha; depois há ingleses, mexicanos, alemães; também o Japão, a Argentina – naturalmente –, a Polônia, Portugal e a Rússia estão representados. Trata-se, portanto, de uma comunidade muito

[1]Como disse o Santo Padre na sua primeira aparição, no dia 13 de março de 2013: "Vós sabeis que o dever do conclave era dar um Bispo a Roma. Parece que os meus irmãos Cardeais tenham ido buscá-lo quase ao fim do mundo... [...]" – NE.

diversificada. Muitos dos que aqui estão acompanham, freqüentemente, as viagens do Papa fora da Itália, ou seja, já não estão em sua primeira experiência, antes, alguns são muito navegados, conhecem essas viagens muito melhor do que o Santo Padre. Diversamente, outros estão aqui pela primeira vez, porque – como os brasileiros, por exemplo – acompanham especificamente esta viagem. Assim, decidimos dar-lhe as boas-vindas pela voz de um de nós, ou melhor, uma de nós, que foi escolhida – acho que sem problemas particulares de concorrência – porque é, certamente, a pessoa que fez mais viagens ao estrangeiro com o Santo Padre: está em disputa com o doutor Gasbarri[2] inclusive pelo número das viagens realizadas. Além disso, é uma pessoa que vem do seu continente e, por conseguinte, pode falar-lhe em espanhol, na sua língua; e é – para além do mais – uma mulher, sendo justo que lhe demos a palavra. Então, dou imediatamente a palavra a Valentina Alazraki, que é a correspondente de *Televisa* há muitos anos – mas permanece sempre juvenil, como o Santo Padre vê –, sentindo-nos contentes por a termos conosco, mais não fosse porque algumas semanas atrás quebrou o pé e por isso temíamos que não pudesse vir. Mas não, recuperou-se a tempo, tirou o gesso há dois ou três dias e agora já está no avião. Portanto, será ela quem interpretará os sentimentos desta comunidade aérea para com o Santo Padre.

VALENTINA ALAZRAKI:

Papa Francisco, bom dia! O único mérito que possuo para ter o privilégio de dar-lhe as boas-vindas é o elevado número de horas de vôo. Participei no primeiro vôo de João Paulo II ao México, o meu país. Então era a *mascote*; agora, 34 anos e meio depois, sou a *decana*! Por isso tenho o privilégio de dar-lhe as boas-vindas. Sabemos, pelos seus amigos e colaboradores na Argentina, que os jornalistas não são propriamente "santos da sua devoção".

[2]Dr. Alberto Gasbarri, responsável pelas viagens internacionais do Papa Francisco – NE.

Talvez tenha pensado que o Padre Lombardi o trouxe à cova dos leões... A verdade, porém, é que não somos assim tão ferozes, e temos um grande prazer em poder ser seus companheiros de viagem. Gostaríamos que o Santo Padre nos visse assim, como companheiros de viagem, nesta e em muitas outras ainda. Obviamente somos jornalistas, e se hoje, amanhã ou nos dias seguintes quiser responder a perguntas, não vamos dizer que não, porque somos jornalistas. Vimos que confiou esta sua viagem a Maria, tendo ido a Santa Maria Maior e também vai a Aparecida; pensei oferecer-lhe um pequeno presente, uma pequeníssima Virgem peregrina para que o acompanhe nesta peregrinação e muitas mais. Por coincidência, tratase da Virgem de Guadalupe; ofereço-a não pelo fato de ser a Rainha do México, mas porque é a Padroeira da América, pelo que nenhuma Virgem Maria se ressentirá: nem a da Argentina, nem a de Aparecida, nem qualquer outra. Eu lha ofereço com imenso carinho da parte de todos nós e com a esperança de que proteja o Santo Padre nesta viagem e em muitas outras ainda.

Padre Lombardi:

E agora demos a palavra ao Santo Padre, naturalmente, para que nos diga pelo menos algumas palavras introdutórias a esta viagem.

Papa Francisco:

Bom dia! Bom dia a vocês todos! Disseram – eu ouvi – coisas um bocado estranhas: "Que vocês não são santos da minha devoção", "que aqui eu estou no meio dos leões...", ainda bem que não são muito ferozes! Obrigado! Verdadeiramente, eu não dou entrevistas, mas é porque, não sei, não consigo. Sou assim! Sinto um pouco de dificuldade em fazê-lo, mas agradeço a companhia. Esta primeira viagem tem em vista encontrar os jovens, mas não isolados da sua vida; eu quereria encontrá-los precisamente no tecido social, em sociedade. Porque, quando isolamos os jovens, praticamos uma injustiça: despojamo

-los da sua pertença. Os jovens têm uma pertença: pertença a uma família, a uma pátria, a uma cultura, a uma fé... Eles têm uma pertença, e não devemos isolá-los! Sobretudo não devemos isolá-los inteiramente da sociedade! Eles são verdadeiramente o futuro de um povo! Isto é verdade; mas não o são somente eles: eles são o futuro, porque têm a força, são jovens, continuarão para diante. Mas também, no outro extremo da vida, os idosos são o futuro de um povo. Um povo tem futuro se vai em frente com ambos os pontos: com os jovens, com a força, porque o levam para diante; e com os idosos, porque são eles que oferecem a sabedoria da vida. E muitas vezes penso que fazemos uma injustiça aos idosos, pondo-os de lado como se eles não tivessem nada para nos dar; eles têm a sabedoria, a sabedoria da vida, a sabedoria da história, a sabedoria da pátria, a sabedoria da família. E nós precisamos disto! Por isso, digo que vou encontrar os jovens, mas no seu tecido social, principalmente com os idosos. É verdade que a crise mundial não gera coisas boas para os jovens. Li, na semana passada, a porcentagem dos jovens desempregados; pensem que corremos o risco de ter uma geração que não encontrou trabalho, e é o trabalho que confere à pessoa a dignidade de ganhar o seu pão. Os jovens, neste momento, sofrem a crise. Aos poucos fomo-nos acostumando a esta cultura do descarte: com os idosos, sucede demasiadas vezes; mas agora acontece também com inúmeros jovens sem trabalho. Também a eles chega a cultura do descarte. Temos de acabar com esse hábito de descartar. Ao contrário, cultura da inclusão, cultura do encontro, fazer um esforço para integrar a todos na sociedade. Isto é de certo modo o sentido que eu quero dar a esta visita aos jovens, aos jovens na sociedade.

Agradeço-vos imenso, caríssimos, "santos de não devoção" e "leões não muito ferozes". Muito obrigado, muito obrigado mesmo! E eu gostava de lhes saudar a cada um. Obrigado!

PADRE LOMBARDI:

Muito obrigado, Santo Padre, por esta introdução tão expressiva. E agora vêm todos saudá-lo: passam por aqui, desse modo podem vir e cada um pode conhecê-lo, Santidade, apresentar-se; cada um diga de que mídia é, de que televisão ou jornal vem. Assim o Papa o saúda e conhece...

PAPA FRANCISCO:

Temos dez horas...

[*Um a um, os jornalistas encontram o Santo Padre.*]

PADRE LOMBARDI:

Acabaram realmente de vir todos? Sim? Ótimo! Agradecemos verdadeiramente de coração ao Papa Francisco porque foi – julgo eu – para todos nós um momento inesquecível e penso que constituiu uma bela introdução a esta viagem. Acho que o Santo Padre conquistou pelo menos um pouco do coração destes "leões", de modo que, durante a viagem, possam ser seus colaboradores, isto é, compreendam a sua mensagem e a difundam com grande eficácia. Obrigado, Santidade!

PAPA FRANCISCO:

Agradeço-lhes de verdade e peço-lhes para ajudar-me e colaborar, nesta viagem, para o bem: o bem da sociedade, o bem dos jovens e o bem dos idosos; ambos juntos, não o esqueçam! E eu fico um pouco como o profeta Daniel: um pouco triste, porque vi que os leões não eram muito ferozes! Obrigado, muito obrigado! Um abraço a todos! Obrigado!

DISCURSO NA CERIMÔNIA DE BOAS-VINDAS NO PALÁCIO DA GUANABARA

Rio de Janeiro
Segunda-feira, 22 de julho de 2013

Senhora Presidente,
Ilustres Autoridades,
Irmãos e amigos!

Quis Deus na sua amorosa providência que a primeira viagem internacional do meu pontificado me consentisse voltar à amada América Latina, precisamente ao Brasil, nação que se gloria de seus sólidos laços com a Sé Apostólica e dos profundos sentimentos de fé e amizade que sempre a uniram de modo singular ao sucessor de Pedro. Dou graças a Deus pela sua benignidade.

Aprendi que, para ter acesso ao povo brasileiro, é preciso ingressar pelo portal do seu imenso coração; por isso, permitam-me que nesta hora eu possa bater delicadamente a esta porta. Peço licença para entrar e transcorrer esta semana com vocês. Não tenho ouro nem prata, mas trago o que de mais precioso me foi dado: Jesus Cristo! Venho em seu Nome, para alimentar a chama de amor fraterno que arde em cada coração; e desejo que chegue a todos e a cada um a minha saudação: – A paz de Cristo esteja com vocês!

Saúdo com deferência a Senhora Presidente e os ilustres membros do seu governo. Obrigado pelo seu generoso acolhimento e por suas palavras que externaram a alegria dos brasileiros pela minha presença em sua pátria. Cumprimento também o Senhor Governador deste Estado, que amavelmente nos recebe na sede do Governo, e o Senhor Prefeito do Rio de Janeiro, bem como os membros do corpo diplomático acreditado junto ao Governo brasileiro, as demais autoridades presentes e todos quantos se prodigalizaram para tornar realidade esta minha visita.

Quero dirigir uma palavra de afeto aos meus irmãos no episcopado, sobre quem pousa a tarefa de guiar o rebanho de Deus neste imenso país, e às suas amadas Igrejas Particulares. Esta minha visita outra coisa não quer senão continuar a missão pastoral própria do Bispo de Roma, de confirmar os seus irmãos na Fé em Cristo,[1] de animá-los a testemunhar as razões da Esperança que Dele vêm e de incentivá-los a oferecer a todos as inesgotáveis riquezas do seu Amor.

O motivo principal da minha presença no Brasil, como é sabido, transcende as suas fronteiras. Vim para a Jornada Mundial da Juventude. Vim para encontrar os jovens que vieram de todo o mundo, atraídos pelos braços abertos do Cristo Redentor. Eles querem agasalhar-se no seu abraço para, junto de seu Coração, ouvir de novo o seu potente e claro chamado: "Ide e fazei discípulos entre todas as nações".[2]

Estes jovens provêm dos diversos continentes, falam línguas diferentes, são portadores de variadas culturas e, todavia, em Cristo encontram as respostas para suas mais altas e comuns aspirações e podem saciar a fome de verdade límpida e de amor autêntico que os irmanem para além de toda diversidade.

Cristo abre espaço para eles, pois sabe que energia alguma pode ser mais potente que aquela que se desprende do coração dos jovens quando conquistados pela experiência da sua amizade. Cristo "bota fé" nos jovens e confia-lhes o futuro de sua própria causa: "Ide, fazei discípulos". Ide para além das fronteiras do que é humanamente possível e criem um mundo de irmãos. Também os jovens "botam fé" em Cristo. Eles não têm medo de arriscar a única vida que possuem porque sabem que não serão desiludidos.

---

[1] Cf. Lc 22,32.

[2] Lema da Jornada Mundial da Juventude 2013. Cf. Mt 28,19.

Ao iniciar esta minha visita ao Brasil, tenho consciência de que, ao dirigir-me aos jovens, falarei às suas famílias, às suas comunidades eclesiais e nacionais de origem, às sociedades nas quais estão inseridos, aos homens e às mulheres dos quais, em grande medida, depende o futuro destas novas gerações.

Os pais costumam dizer por aqui: "Os filhos são a menina dos nossos olhos". Que bela expressão da sabedoria brasileira, que aplica aos jovens a imagem da pupila dos olhos, janela pela qual entra a luz regalando-nos o milagre da visão! O que vai ser de nós, se não tomarmos conta dos nossos olhos? Como haveremos de seguir em frente? O meu auspício é que, nesta semana, cada um de nós se deixe interpelar por esta desafiadora pergunta.

E atenção! A juventude é a janela pela qual o futuro entra no mundo. É a janela e, por isso, nos impõe grandes desafios. A nossa geração se demonstrará à altura da promessa contida em cada jovem quando souber abrir-lhe espaço. Isso significa: tutelar as condições materiais e imateriais para o seu pleno desenvolvimento; oferecer a ele fundamentos sólidos, sobre os quais construir a vida; garantir-lhe segurança e educação para que se torne aquilo que ele pode ser; transmitir-lhe valores duradouros pelos quais a vida mereça ser vivida, assegurar-lhe um horizonte transcendente que responda à sede de felicidade autêntica, suscitando nele a criatividade do bem; entregar-lhe a herança de um mundo que corresponda à medida da vida humana; despertar nele as melhores potencialidades para que seja sujeito do próprio amanhã e co-responsável do destino de todos. Com essas atitudes precedemos hoje o futuro que entra pela janela dos jovens.

Concluindo, peço a todos a delicadeza da atenção e, se possível, a necessária empatia para estabelecer um diálogo de amigos. Nesta hora, os braços do Papa se alargam para abraçar a nação brasileira inteira, na sua complexa riqueza humana, cultural e religiosa. Desde a Amazônia até os pampas, dos sertões até o Pantanal, dos vilarejos até as metrópoles, ninguém se sinta excluído do afeto do Papa. Depois de amanhã, se Deus quiser, tenho em mente recomendar todos a Nossa Senhora Aparecida, invocando sua proteção materna sobre seus lares e famílias. Desde já abençôo a todos. Obrigado pelo acolhimento!

HOMILIA NA SANTA MISSA: BASÍLICA DO SANTUÁRIO NACIONAL DE NOSSA SENHORA APARECIDA

Quarta-feira, 24 de julho de 2013

Eminentíssimo Senhor Cardeal,
Venerados irmãos no episcopado e no sacerdócio,
Queridos irmãos e irmãs!

Quanta alegria me dá vir à casa da Mãe de cada brasileiro, o Santuário de Nossa Senhora Aparecida. No dia seguinte à minha eleição como Bispo de Roma fui visitar a Basílica de Santa Maria Maior, para confiar a Nossa Senhora o meu ministério. Hoje, eu quis vir aqui para suplicar a Maria, nossa Mãe, o bom êxito da Jornada Mundial da Juventude e colocar aos seus pés a vida do povo latino-americano.

Queria dizer-lhes, primeiramente, uma coisa. Neste Santuário, seis anos atrás, quando aqui se realizou a V Conferência Geral do Episcopado da América Latina e do Caribe, pude dar-me conta pessoalmente de um fato belíssimo: ver como os Bispos – que trabalharam sobre o tema do encontro com Cristo, discipulado e missão – eram animados, acompanhados e, em certo sentido, inspirados pelos milhares de peregrinos que vinham diariamente confiar a sua vida a Nossa Senhora: aquela conferência foi um grande momento de vida de Igreja. E, de fato, pode-se dizer que o Documento de Aparecida nasceu justamente deste encontro entre os trabalhos dos Pastores e a fé simples dos romeiros, sob a proteção maternal de Maria. A Igreja, quando busca Cristo, bate sempre à casa da Mãe e pede: "Mostrai-nos Jesus". É de Maria que se aprende o verdadeiro discipulado. E, por isso, a Igreja sai em missão sempre na esteira de Maria.

Hoje, a um passo de iniciar a Jornada Mundial da Juventude que me trouxe até o Brasil, também eu venho bater à porta da casa de Maria, que amou e educou Jesus, para que ajude a todos nós, aos Pastores do Povo de Deus, aos pais e aos educadores, a transmitir aos nossos jovens os valores que farão deles construtores de um país e de um mundo mais justo, solidário e fraterno. Para tanto, gostaria de chamar a atenção para três simples atitudes, três simples atitudes: conservar a esperança; deixar-se surpreender por Deus; viver na alegria.

1. *Conservar a esperança.* A segunda leitura da missa apresenta uma cena dramática: uma mulher – figura de Maria e da Igreja – sendo perseguida por um Dragão – o diabo – que quer lhe devorar o filho. A cena, porém, não é de morte, mas de vida, porque Deus intervém e coloca o filho a salvo.[1] Quantas dificuldades na vida de cada um, no nosso povo, nas nossas comunidades, mas, por maiores que possam parecer, Deus nunca deixa que sejamos submergidos. Frente ao desânimo que poderia aparecer na vida, em quem trabalha na evangelização ou em quem se esforça por viver a fé como pai e mãe de família, quero dizer com força: tenham sempre no coração esta certeza! Deus caminha a seu lado, nunca lhes deixa desamparados! Nunca percamos a esperança! Nunca deixemos que ela se apague nos nossos corações! O "dragão", o mal, faz-se presente na nossa história, mas ele não é o mais forte. Deus é o mais forte, e Deus é a nossa esperança! É verdade que hoje, mais ou menos todas as pessoas, e também os nossos jovens, experimentam o fascínio de tantos ídolos que se colocam no lugar de Deus e parecem dar esperança: o dinheiro, o poder, o sucesso, o prazer. Freqüentemente, uma sensação de solidão e de vazio entra no coração de muitos e conduz à busca de compensações, destes ídolos passageiros. Queridos irmãos e irmãs, sejamos luzeiros de esperança! Tenhamos uma visão positiva sobre a realidade. Encorajemos a generosidade que caracteriza os

[1]Cf. Ap 12,13a.15-16a.

jovens, acompanhando-lhes no processo de se tornarem protagonistas da construção de um mundo melhor: eles são um motor potente para a Igreja e para a sociedade. Eles não precisam só de coisas, precisam sobretudo que lhes sejam propostos aqueles valores imateriais que são o coração espiritual de um povo, a memória de um povo. Neste santuário, que faz parte da memória do Brasil, podemos quase que apalpá-los: espiritualidade, generosidade, solidariedade, perseverança, fraternidade, alegria; trata-se de valores que encontram a sua raiz mais profunda na fé cristã.

2. A segunda postura: deixar-se surpreender por Deus. Quem é homem e mulher de esperança – a grande esperança que a fé nos dá – sabe que, mesmo em meio às dificuldades, Deus atua e nos surpreende. A história deste santuário serve de exemplo: três pescadores, depois de um dia sem conseguir apanhar peixes, nas águas do rio Parnaíba, encontram algo inesperado: uma imagem de Nossa Senhora da Conceição. Quem poderia imaginar que o lugar de uma pesca infrutífera tornar-se-ia o lugar onde todos os brasileiros podem se sentir filhos de uma mesma Mãe? Deus sempre surpreende, como o vinho novo, no Evangelho que ouvimos. Deus sempre nos reserva o melhor. Mas pede que nos deixemos surpreender pelo Seu amor, que acolhamos as Suas surpresas. Confiemos em Deus! Longe Dele, o vinho da alegria, o vinho da esperança, se esgota. Se nos aproximamos Dele, se permanecemos com Ele, aquilo que parece água fria, aquilo que é dificuldade, aquilo que é pecado, se transforma em vinho novo de amizade com Ele.

3. A terceira postura: viver na alegria. Queridos amigos, se caminhamos na esperança, deixando-nos surpreender pelo vinho novo que Jesus nos oferece, há alegria no nosso coração e não podemos deixar de ser testemunhas dessa alegria. O cristão é alegre, nunca está triste. Deus nos acompanha. Temos uma Mãe que sempre intercede pela vida dos seus filhos, por nós, como a rainha Ester na

primeira leitura.[2] Jesus nos mostrou que a face de Deus é a de um Pai que nos ama. O pecado e a morte foram derrotados. O cristão não pode ser pessimista! Não pode ter uma cara de quem parece estar num constante luto. Se estivermos verdadeiramente enamorados de Cristo e sentirmos o quanto Ele nos ama, o nosso coração se "incendiará" de tal alegria que contagiará quem estiver ao nosso lado. Como dizia Bento XVI, aqui neste santuário: "O discípulo sabe que sem Cristo não há luz, não há esperança, não há amor, não há futuro".[3]

Queridos amigos, viemos bater à porta da casa de Maria. Ela abriu-nos, fez-nos entrar e nos aponta o seu Filho. Agora Ela nos pede: "Fazei o que Ele vos disser".[4] Sim, Mãe, nos comprometemos a fazer o que Jesus nos disser! E o faremos com esperança, confiantes nas surpresas de Deus e cheios de alegria. Assim seja.

---

[2]Cf. Est 5, 3.

[3]Sessão inaugural dos trabalhos da V Conferência Geral do Episcopado da América Latina e do Caribe, Discurso do Papa Bento XVI, nº 3, 13 de maio de 2007, Santuário de Aparecida.

[4]Jo 2,5.

PALAVRAS IMPROVISADAS DEPOIS DA SANTA MISSA NA BASÍLICA DO SANTUÁRIO DE NOSSA SENHORA APARECIDA

Sacada do Santuário

Irmãos e irmãs... Irmãos e irmãs, eu não falo brasileiro. Perdoem-me! Vou falar em espanhol. Desculpem! Muito obrigado! Obrigado por estarem aqui. De coração, muito obrigado. E, com todo o meu coração, peço à Virgem Nossa Senhora Aparecida que lhes abençoe, abençoe suas famílias, abençoe seus filhos, abençoe seu pais, abençoe a pátria inteira.

Vejamos – agora vou certificar-me – se me entendem. Faço-lhes uma pergunta: Uma mãe se esquece de seus filhos? [Todos respondem: – Não!] Ela não se esquece de nós, Ela nos ama e cuida de nós. Agora vamos lhe pedir a bênção. A bênção de Deus Todo-Poderoso Pai, Filho e Espírito Santo desça sobre vocês e permaneça para sempre.

Quero pedir-lhes um favor, um jeitinho... Rezem por mim; rezem por mim, preciso! Que Deus lhes abençoe. Que Nossa Senhora Aparecida lhes proteja. Adeus até quando eu voltar, em 2017!

DISCURSO DURANTE A VISITA AO HOSPITAL SÃO FRANCISCO DE ASSIS NA PROVIDÊNCIA DE DEUS

Rio de Janeiro, quarta-feira, 24 de julho de 2013

Senhor Arcebispo do Rio de Janeiro,
Amados Irmãos no Episcopado,
Distintas Autoridades,
Queridos membros da Venerável Ordem Terceira de São Francisco da Penitência,
Prezados médicos, enfermeiros e demais profissionais de saúde,
Amados jovens e familiares, boa noite!

Quis Deus que meus passos, depois do Santuário de Nossa Senhora Aparecida, se dirigissem para um particular santuário do sofrimento humano, que é o Hospital São Francisco de Assis. É bem conhecida a conversão do santo patrono de vocês: o jovem Francisco abandona riquezas e comodidades para fazer-se pobre no meio dos pobres, entende que não são as coisas, o ter, os ídolos do mundo a verdadeira riqueza e que estes não dão a verdadeira alegria, mas sim seguir a Cristo e servir aos demais; mas talvez seja menos conhecido o momento em que tudo isto se tornou concreto na sua vida: foi quando abraçou um leproso. Aquele irmão sofredor foi "mediador de luz [...] para São Francisco de Assis",[1] porque, em cada irmão e irmã em dificuldade, nós abraçamos a carne sofredora de Cristo. Hoje, neste lugar de luta contra a dependência química, quero abraçar a cada um e cada uma de vocês – vocês que são a carne de Cristo – e pedir a Deus que encha de sentido e de esperança segura o caminho de vocês e também o meu.

Abraçar, abraçar. Precisamos todos aprender a abraçar quem passa necessidade, como fez São Francisco. Há tantas

[1]Carta Encíclica *Lumen Fidei*, 57.

situações no Brasil e no mundo que reclamam atenção, cuidado, amor, como a luta contra a dependência química. Freqüentemente, porém, nas nossas sociedades, o que prevalece é o egoísmo. São tantos os "mercadores de morte" que seguem a lógica do poder e do dinheiro a todo o custo! A chaga do tráfico de drogas, que favorece a violência e que semeia a dor e a morte, exige da inteira sociedade um ato de coragem. Não é deixando livre o uso das drogas, como se discute em várias partes da América Latina, que se conseguirá reduzir a difusão e a influência da dependência química. É necessário enfrentar os problemas que estão na raiz do uso das drogas, promovendo uma maior justiça, educando os jovens para os valores que constroem a vida comum, acompanhando quem está em dificuldade e dando esperança no futuro. Precisamos todos olhar o outro com os olhos de amor de Cristo, aprender a abraçar quem passa necessidade, para expressar solidariedade, afeto e amor.

Mas abraçar não é suficiente. Estendamos a mão a quem vive em dificuldade, a quem caiu na escuridão da dependência, talvez sem saber como, e digamos-lhe: você pode se levantar, pode subir; é difícil, mas é possível se você o quiser. Queridos amigos, queria dizer a cada um de vocês, mas sobretudo a tantas outras pessoas que ainda não tiveram a coragem de empreender o mesmo caminho de vocês: você é o protagonista da subida; esta é a condição imprescindível! Você encontrará a mão estendida de quem quer lhe ajudar, mas ninguém pode fazer a subida no seu lugar. Mas vocês nunca estão sozinhos! A Igreja e muitas pessoas estão solidárias com vocês. Olhem para frente com confiança; a travessia é longa e cansativa, mas olhem para frente; existe "um futuro certo, que se coloca numa perspectiva diferente relativamente às propostas ilusórias dos ídolos do mundo, mas que dá novo impulso e nova força à vida de todos os dias".[2] A vocês todos quero repetir: não deixem que lhes roubem a esperança! Não deixem que lhes roubem a esperança! Mas digo também: não

[2]Carta Encíclica *Lumen Fidei*, 57.

roubemos a esperança, pelo contrário, tornemo-nos todos portadores de esperança!

No Evangelho, lemos a parábola do Bom Samaritano, que fala de um homem atacado por assaltantes e deixado quase morto ao lado da estrada. As pessoas passam, olham, mas não param; indiferentes, seguem o seu caminho: não é problema delas! Quantas vezes nós dizemos: não é um problema meu! Quantas vezes olhamos para o outro lado e fingimos que não vemos. Somente um samaritano, um desconhecido, olha, pára, levanta-o, estende-lhe a mão e cuida dele.[3] Queridos amigos, penso que aqui, neste hospital, se concretiza a parábola do Bom Samaritano. Aqui não há indiferença, mas solicitude. Não há desinteresse, mas amor. A Associação São Francisco e a Rede de Tratamento da Dependência Química ensinam a se debruçar sobre quem passa por dificuldades porque vêem nestas pessoas a face de Cristo, porque nelas está a carne de Cristo que sofre. Obrigado a todo pessoal do serviço médico e auxiliar aqui empenhado! O serviço de vocês é precioso! Realizem-no sempre com amor; é um serviço feito a Cristo presente nos irmãos: "Todas as vezes que fizestes isso a um destes mais pequenos, que são meus irmãos, foi a mim que o fizestes",[4] diz-nos Jesus.

E quero repetir a todos vocês que lutam contra a dependência química, a vocês familiares que têm uma tarefa que nem sempre é fácil: a Igreja não está longe dos esforços que vocês fazem; Ela lhes acompanha com carinho. O Senhor está ao lado de vocês e lhes conduz pela mão. Olhem para Ele nos momentos mais duros e Ele lhes dará consolação e esperança. E confiem também no amor materno de Maria, sua Mãe. Esta manhã, no Santuário da Aparecida, confiei cada um de vocês ao seu coração. Onde tivermos uma cruz para carregar, ao nosso lado sempre está Ela, nossa Mãe. Deixo-lhes em suas mãos, enquanto, afetuosamente, a todos abençôo. Obrigado!

[3] Cf. Lc 10, 29-35.

[4] Mt 25, 40.

PALAVRAS AOS JOVENS ITALIANOS NO FINAL DA VISITA AO HOSPITAL SÃO FRANCISCO

A minha saudação para vocês, jovens italianos, que estão nos acompanhando direto do Maracanãzinho. Sei que se reuniram juntamente com muitos brasileiros de origem italiana e com seus Bispos para celebrar a pessoa de Jesus e refletir sobre as respostas que somente Ele sabe dar às suas questões de fé e de vida. Confiem em Cristo, ouçam-no, sigam os seus passos. Ele nunca nos abandona, nem mesmo nos momentos mais escuros da vida. Ele é a nossa esperança. Amanhã, em Copacabana, teremos a oportunidade de aprofundar esta verdade, para tornar luminosa a vida. Até amanhã!

DISCURSO NA VISITA À COMUNIDADE DE VARGINHA (MANGUINHOS)

Rio de Janeiro, quinta-feira, 25 de julho de 2013

Queridos irmãos e irmãs, bom dia!

Que bom poder estar com vocês aqui! Que bom! Desde o início, quando planejava a minha visita ao Brasil, o meu desejo era poder visitar todos os bairros deste país. Queria bater em cada porta, dizer "Bom-dia", pedir um copo de água fresca, beber um cafezinho – não um copo de cachaça! –, falar como a amigos de casa, ouvir o coração de cada um, dos pais, dos filhos, dos avós... Mas o Brasil é tão grande! Não é possível bater em todas as portas! Então escolhi vir aqui, visitar a comunidade de vocês; esta comunidade, que hoje representa todos os bairros do Brasil. Como é bom ser bem acolhido, com amor, generosidade, alegria! Basta ver como vocês decoraram as ruas da comunidade; isso é também um sinal do carinho que nasce do coração de vocês, do coração dos brasileiros, que está em festa! Muito obrigado a cada um de vocês pela linda acolhida! Agradeço ao casal Rangler e Joana pelas suas belas palavras.

1. Desde o primeiro instante em que toquei as terras brasileiras e também aqui junto de vocês, sinto-me acolhido. E é importante saber acolher; é algo mais bonito que qualquer enfeite ou decoração. Isso é assim porque, quando somos generosos acolhendo uma pessoa e partilhamos algo com ela – um pouco de comida, um lugar na nossa casa, o nosso tempo –, não ficamos mais pobres, mas enriquecemos. Sei bem que quando alguém que precisa comer bate na sua porta, vocês sempre dão um jeito de compartilhar a comida: como diz o ditado, sempre

se pode “colocar mais água no feijão”! Pode-se colocar mais água no feijão?... Sempre?... E vocês fazem isto com amor, mostrando que a verdadeira riqueza não está nas coisas, mas no coração!

E o povo brasileiro, sobretudo as pessoas mais simples, pode dar para o mundo uma grande lição de solidariedade, que é uma palavra – esta palavra solidariedade –, é uma palavra freqüentemente esquecida ou silenciada, porque é incômoda. Quase parece um palavrão... solidariedade! Queria lançar um apelo a todos os que possuem mais recursos, às autoridades públicas e a todas as pessoas de boa vontade comprometidas com a justiça social: não se cansem de trabalhar por um mundo mais justo e mais solidário! Ninguém pode permanecer insensível às desigualdades que ainda existem no mundo! Cada um, na medida das próprias possibilidades e responsabilidades, saiba dar a sua contribuição para acabar com tantas injustiças sociais! Não é, não é a cultura do egoísmo, do individualismo – que muitas vezes rege a nossa sociedade –, a que constrói e conduz a um mundo mais habitável; não é ela, mas sim a cultura da solidariedade; a cultura da solidariedade não é ver no outro um concorrente ou um número, mas um irmão. E todos nós somos irmãos!

Quero encorajar os esforços que a sociedade brasileira tem feito para integrar todas as partes do seu corpo, incluindo as mais sofridas e necessitadas, através do combate à fome e à miséria. Nenhum esforço de “pacificação” será duradouro, não haverá harmonia e felicidade para uma sociedade que ignora, que deixa à margem, que abandona na periferia parte de si mesma. Uma sociedade assim simplesmente empobrece a si mesma; antes, perde algo de essencial para si mesma. Não deixemos, não deixemos entrar no nosso coração a cultura do descartável! Não deixemos entrar no nosso coração a cultura do descartável, porque nós somos irmãos. Ninguém é descartável! Lembremo-nos sempre: somente quando se é capaz de compartilhar é que se enriquece de verdade; tudo aquilo que se compartilha se multiplica! Pensemos na multiplicação dos pães de Jesus! A medida da grandeza de uma sociedade é dada pelo modo como esta trata os mais necessitados, quem não tem outra coisa senão a sua pobreza!

2. Queria dizer-lhes também que a Igreja, "advogada da justiça e defensora dos pobres diante das intoleráveis desigualdades sociais e econômicas, que clamam ao céu",[1] deseja oferecer a sua colaboração em todas as iniciativas que signifiquem um autêntico desenvolvimento do homem todo e de todo o homem. Queridos amigos, certamente é necessário dar o pão a quem tem fome; é um ato de justiça. Mas existe também uma fome mais profunda, a fome de uma felicidade que só Deus pode saciar. Fome de dignidade. Não existe verdadeira promoção do bem comum, nem verdadeiro desenvolvimento do homem, quando se ignoram os pilares fundamentais que sustentam uma nação, os seus bens imateriais: a *vida*, que é dom de Deus, um valor que deve ser sempre tutelado e promovido; a *família*, fundamento da convivência e remédio contra a desagregação social; a *educação integral*, que não se reduz a uma simples transmissão de informações com o fim de gerar lucro; a *saúde*, que deve buscar o bem-estar integral da pessoa, incluindo a dimensão espiritual, que é essencial para o equilíbrio humano e uma convivência saudável; a *segurança*, na convicção de que a violência só pode ser vencida a partir da mudança do coração humano.

3. Queria dizer uma última coisa, uma última coisa. Aqui, como em todo o Brasil, há muitos jovens. Hein, jovens! Vocês, queridos jovens, possuem uma sensibilidade especial frente às injustiças, mas muitas vezes se desiludem com notícias que falam de corrupção, com pessoas que, em vez de buscar o bem comum, procuram o seu próprio benefício. Também para vocês e para todas as pessoas repito: nunca desanimem, não percam a confiança, não deixem que se apague a esperança. A realidade

---

[1] *Documento de Aparecida*, 395.

pode mudar, o homem pode mudar. Procurem ser vocês os primeiros a praticar o bem, a não se acostumarem ao mal, mas a vencê-lo com o bem. A Igreja está ao lado de vocês, trazendo-lhes o bem precioso da fé, de Jesus Cristo, que veio "para que todos tenham vida, e vida em abundância".[2]

Hoje, a todos vocês, especialmente aos moradores dessa Comunidade de Varginha, quero dizer: vocês não estão sozinhos, a Igreja está com vocês, o Papa está com vocês. Levo a cada um no meu coração e faço minhas as intenções que vocês carregam no seu íntimo: os agradecimentos pelas alegrias, os pedidos de ajuda nas dificuldades, o desejo de consolação nos momentos de tristeza e sofrimento. Tudo isso confio à intercessão de Nossa Senhora Aparecida, Mãe de todos os pobres do Brasil, e com grande carinho lhes concedo a minha bênção. Obrigado!

---

[2] Jo 10,10.

PALAVRAS DURANTE O ENCONTRO COM OS JOVENS ARGENTINOS

Quinta-feira, 25 de julho de 2013

Obrigado! Obrigado pela presença! Obrigado por terem vindo! Obrigado àqueles que estão cá dentro! E muito obrigado àqueles que ficaram lá fora, aos trinta mil – dizem-me – que estão lá fora. Saúdo-lhes daqui. Estão na chuva... Obrigado pelo gesto de virem ter comigo, obrigado por terem vindo à Jornada da Juventude. Eu tinha sugerido ao doutor Gasbarri – que é a pessoa que gere, que organiza a viagem – que encontrasse um lugarzinho para um encontro com vocês e, em metade de um dia, arranjou tudo. Quero agradecer publicamente ao doutor Gasbarri também por isso que ele conseguiu fazer hoje.

Desejo dizer-lhes qual é a conseqüência que eu espero da Jornada da Juventude: espero que façam barulho. Aqui farão barulho, sem dúvida. Aqui, no Rio, farão barulho, farão certamente. Mas eu quero que se façam ouvir também nas dioceses, quero que saiam, quero que a Igreja saia pelas estradas, quero que nos defendamos de tudo o que é mundanismo, imobilismo, nos defendamos do que é comodidade, do que é clericalismo, de tudo aquilo que é viver fechados em nós mesmos. As paróquias, as escolas, as instituições são feitas para sair; se não o fizerem, tornam-se uma ONG e a Igreja não pode ser uma ONG. Que me perdoem os Bispos e os sacerdotes, se alguns depois lhes criarem confusão. Mas este é o meu conselho. Obrigado pelo que vocês puderem fazer.

Olhem! Eu penso que, neste momento, a civilização mundial ultrapassou os limites, ultrapassou os limites porque criou um tal culto do deus dinheiro, que estamos na presença de uma filosofia e uma prática de exclusão dos dois pólos da vida que constituem as promessas dos povos. A exclusão dos idosos, obviamente: alguém poderia ser levado a pensar que nisso exista, oculta, uma espécie de eutanásia, isto é, não se cuida dos idosos; mas há também uma eutanásia cultural, porque não se lhes deixa falar, não se lhes deixa agir. E a exclusão dos jovens: a porcentagem que temos de jovens sem trabalho, sem emprego, é muito alta e temos uma geração que não tem experiência da dignidade conquistada por meio do trabalho. Assim, esta civilização nos levou a excluir os dois vértices que são o nosso futuro. Por isso os jovens devem irromper, devem fazer-se valer; os jovens devem sair para lutar pelos valores, lutar por estes valores; e os idosos devem tomar a palavra, os idosos devem tomar a palavra e ensinar-nos! Que eles nos transmitam a sabedoria dos povos!

Pensando no povo argentino, de coração sincero peço aos idosos: não esmoreçam na missão de ser a reserva cultural do nosso povo; reserva que transmite a justiça, que transmite a história, que transmite os valores, que transmite a memória do povo. E vocês, por favor, não se ponham contra os idosos: deixem-nos falar, ouçam-nos e sigam em frente. Mas saibam, saibam que, neste momento, vocês, jovens, e os idosos estão condenados ao mesmo destino: a exclusão. Não se deixem descartar. Claro, para isso acho que vocês devem trabalhar. A fé em Jesus Cristo não é uma brincadeira; é uma coisa muito séria. É um escândalo que Deus tenha vindo fazer-se um de nós. É um escândalo que Ele tenha morrido numa cruz. É um escândalo: o escândalo da cruz. A cruz continua a escandalizar; mas é o único caminho seguro: o da cruz, o de Jesus, o da Encarnação de Jesus. Por favor, não "espremam" a fé em Jesus Cristo. Há a espremedura de laranja, há a espremedura de maçã, há a espremedura de banana, mas, por favor, não bebam "espremedura" de fé. A fé é integral, não se espreme. É a fé em Jesus. É a fé no Filho de Deus feito homem, que me amou e morreu por mim. Resumindo: primeiro, façam-se ouvir, cuidem dos extremos da população que são os idosos e os jovens. Não se deixem excluir e não deixem que se excluam os idosos.

Segundo, não "espremam" a fé em Jesus Cristo. Com as bem-aventuranças... que devemos fazer, Padre? Olhe! Você leia as bem-aventuranças, que lhe farão bem. Se, depois, você quer saber concretamente o que deve fazer, leia o Capítulo 25 de Mateus, que é o regulamento segundo o qual vamos ser julgados. Com essas duas coisas, vocês têm o plano de Ação: as bem-aventuranças e Mateus, Capítulo 25. Vocês não precisam ler mais. Isso lhes peço de todo o coração. Está bem? Obrigado por essa unidade. Tenho pena que vocês estejam aí enjaulados; eu lhes digo uma coisa: às vezes também eu sinto isso; e não é uma boa coisa estar enjaulado. Isso lhes confesso de coração, mas paciência! Eu entendo vocês. Também eu gostaria de estar mais perto de vocês, mas entendo que, por razões de segurança, não se pode. Obrigado por terem vindo! Obrigado por rezarem por mim! Isto lhes peço de coração. Preciso. Eu preciso de suas orações, tenho tanta necessidade. Obrigado por isso! Bem! Eu quero lhes dar a bênção e, depois, benzeremos a imagem da Virgem que vai percorrer toda a República... e a cruz de São Francisco; viajarão em missão. Mas não esqueçam! Façam-se ouvir; cuidem dos dois extremos da vida: os dois extremos da história dos povos que são os idosos e os jovens; e não "espremam" a fé. E agora façamos uma oração para benzer a imagem da Virgem e, em seguida, dar-lhes a bênção.

Pomo-nos de pé para a bênção, mas antes quero agradecer as palavras que disse-me dom Arancedo, porque, como verdadeiro mal-educado, não lhe agradeci. Portanto, obrigado pelas suas palavras!

ORAÇÃO

Em nome do Pai e do Filho e do Espírito Santo.

Ave Maria...

Senhor, Tu deixaste no meio de nós Tua Mãe para que nos acompanhasse.

Que Ela cuide de nós e nos proteja o nosso caminho, o nosso coração, a nossa fé.

Que nos faça discípulos como Ela o foi, e missionários como Ela o foi também.

Que nos ensine a sair pelas estradas.

Que nos ensine a sair de nós mesmos.

Benzemos esta imagem, Senhor, que vai percorrer o país.

Que Ela, com a sua mansidão, a sua paz, nos indique o caminho.

Senhor, Tu és um escândalo! Tu és um escândalo: o escândalo da cruz. Uma cruz que é humildade, mansidão; uma cruz que nos fala da proximidade de Deus. Benzemos também esta imagem da cruz que percorrerá o país.

Muito obrigado! Vemo-nos nestes dias. Que Deus lhes abençoe. Rezem por mim. Não se esqueçam!

SAUDAÇÃO E HOMILIA NA FESTA DE ACOLHIDA AOS JOVENS

Praia de Copacabana, Rio de Janeiro
Quinta-feira, 25 de julho de 2013

Saudação

Queridos jovens,
Boa tarde!

Primeiramente quero lhes agradecer pelo testemunho de fé que vocês estão dando ao mundo. Sempre ouvi dizer que os cariocas não gostam do frio e da chuva, mas vocês estão mostrando que a fé de vocês é mais forte que o frio e a chuva. Parabéns. Vocês são verdadeiros heróis! Vejo em vocês a beleza do rosto jovem de Cristo e meu coração se enche de alegria! Lembro-me da primeira Jornada Mundial da Juventude a nível internacional. Foi celebrada em 1987, na Argentina, na minha cidade de Buenos Aires. Guardo vivas na memória estas palavras do Bem-aventurado João Paulo II aos jovens: "Tenho muita esperança em vocês! Espero, sobretudo, que renovem a fidelidade de vocês a Jesus Cristo e à sua cruz redentora".[1]

Antes de continuar, gostaria de recordar o trágico acidente na Guiana Francesa, sofrido por jovens que vinham para esta Jornada. Nele, a jovem Sophie Morinière perdeu a vida e outros jovens ficaram feridos.

Convido vocês a fazerem um minuto de silêncio e de oração a Deus, nosso Pai, por Sophie, os feridos e seus familiares.

Este ano, a Jornada volta, pela segunda vez, à América Latina. E vocês, jovens, responderam em grande número ao convite de Bento XVI, que convocou a todos para celebrá-la.

[1] Discurso aos jovens (11 de abril de 1987): *Insegnamenti*, X/1 (1987), 1261.

Agradecemos a ele de todo o coração. E a ele, que nos convocou para estarmos hoje aqui, lhe enviamos uma saudação e um forte aplauso. Vocês sabem que, antes de vir ao Brasil, estive conversando com ele. E lhe pedi que me acompanhasse na viagem, em oração. E ele me disse: eu os acompanharei com a oração e estarei diante da tevê. Então, agora ele nos está vendo. Meu olhar se estende sobre esta grande multidão: vocês são tantos! Vieram de todos os continentes. Distantes, às vezes, não só geograficamente, mas também do ponto de vista existencial, cultural, social, humano. Mas hoje estão aqui, ou melhor, hoje estamos aqui, juntos, unidos para compartilhar a fé e a alegria do encontro com Cristo, de ser seus discípulos. Esta semana, o Rio se torna o centro da Igreja, em seu coração vivo e jovem, porque vocês responderam com generosidade e entusiasmo ao convite que Jesus lhes fez para ficar com Ele, para ser seus amigos.

O trem da Jornada Mundial da Juventude veio de longe e cruzou a nação brasileira, seguindo as etapas do projeto "Bota fé". Hoje chegou ao Rio de Janeiro. Do Corcovado, o Cristo Redentor nos abraça e nos abençoa. Vendo este mar, a praia e todos vocês, vem-me à mente o momento em que Jesus chamou seus primeiros discípulos, às margens do Lago Tiberíades. Hoje Jesus continua a nos perguntar: você quer ser meu discípulo? Você quer ser meu amigo? Você quer ser testemunha do Evangelho? No coração do Ano da Fé, estas perguntas nos convidam a renovar o nosso compromisso cristão. Suas famílias e comunidades locais lhes transmitiram o grande dom da fé. Cristo cresceu em vocês. Hoje, quer vir aqui para confirmá-los nessa fé, a fé em Cristo vivo que habita em vocês. Mas eu também vim até aqui para ser confirmado pelo entusiasmo da fé de vocês. Vocês sabem que na vida de um Bispo há muitos problemas que pedem soluções. E com esses problemas e dificuldades, a fé do bispo pode se entristecer. Que feio é um bispo triste. Que feio é isso. Para que a minha fé não seja triste, vim aqui para me contagiar com o entusiasmo de vocês.

Eu saúdo a todos com carinho. A vocês aqui presentes, vindos dos cinco continentes; e, através de vocês, saúdo a todos os jovens do mundo, em particular aqueles que queriam vir ao Rio de Janeiro e não puderam. Para aqueles que nos seguem através do rádio, da televisão e da internet, a todos digo: bem-vindos a esta celebração da fé! Em várias partes do mundo, muitos jovens estão reunidos agora para viver junto conosco este momento: sintamonos unidos uns aos outros na alegria, na amizade, na fé. E tenham certeza de que meu coração abraça a todos com afeto universal. Porque o mais importante hoje é esta reunião de vocês e a reunião de todos os jovens que estão nos seguindo através dos meios de comunicação. Cristo Redentor, do alto do Monte Corcovado, acolhe e abraça vocês nesta bela cidade do Rio de Janeiro!

Uma saudação especial para o presidente do Pontifício Conselho para os Leigos, o querido e incansável Cardeal Stanislaw Ryłko, e a todos que colaboram com ele. Agradeço a Monsenhor Orani João Tempesta, Arcebispo de São Sebastião do Rio de Janeiro, a acolhida cordial que me dispensou – também quero dizer aqui que os cariocas sabem ser acolhedores – e agradecer-lhe pelo grande trabalho de realizar esta Jornada Mundial da Juventude, junto com seus bispos-auxiliares, com a diversas dioceses deste imenso Brasil. Meu agradecimento também se dirige a todas as autoridades nacionais, estatais e locais, e a todos que contribuíram para tornar possível este momento único de celebração da unidade, da fé e da fraternidade. Obrigado aos irmãos bispos, aos sacerdotes, aos seminaristas, às pessoas consagradas e aos fiéis laicos que acompanham os jovens de diversas partes de nosso planeta em sua peregrinação para Jesus. A todos e a cada um, meu abraço afetuoso em Jesus e com Jesus.

Irmãos e amigos, bem-vindos à vigésima oitava Jornada Mundial da Juventude, nesta cidade maravilhosa do Rio de Janeiro!

HOMILIA

Queridos jovens:

"Mestre, é bom estarmos aqui", exclamou Pedro, depois de ter visto o Senhor Jesus transfigurado, revestido de glória. Nós também podemos repetir essas palavras? Penso que sim, porque, para todos nós, é bom estar aqui hoje, em torno de Jesus. É Ele que nos acolhe e se faz presente no meio de nós, aqui no Rio. E no Evangelho também escutamos as palavras do Pai: "Este é o meu Filho muito amado; ouvi-o!".[2]

Portanto, se, por um lado, é Jesus que nos acolhe, por outro, também nós queremos acolhê-lo, colocarmo-nos à escuta de Sua palavra, porque acolhendo a Jesus Cristo, Palavra encarnada, é precisamente como o Espírito nos transforma, ilumina o caminho do futuro e faz crescer em nós as asas da esperança para caminhar com alegria.[3]

Mas o que podemos fazer? "Bote fé". A cruz da Jornada Mundial da Juventude peregrinou através do Brasil inteiro com este apelo. "Bote fé": o que significa? Quando se prepara um bom prato e vê que falta o sal, você então "bota" o sal; falta o azeite, então "bota" o azeite... "Botar", ou seja, colocar, derramar. É assim também na nossa vida, queridos jovens: se queremos que ela tenha realmente sentido e plenitude, como vocês mesmos desejam e merecem, digo a cada um e a cada uma de vocês: "bote fé" e a vida terá um sabor novo, a vida terá uma bússola que indica a direção; "bote esperança" e todos os seus dias serão iluminados e o seu horizonte já não será escuro, mas luminoso; "bote amor" e a sua existência será como uma casa construída sobre a rocha, o seu caminho será alegre, porque encontrará muitos amigos que caminham com você. "Bote fé", "bote esperança", "bote amor"! Todos juntos: bote fé, bote esperança, bote amor!

---

[2]Lc 9,35.

[3]Cf. Carta encíclica *Lumen fidei*, 7.

Mas quem pode nos dar isso? No Evangelho escutamos a resposta: Cristo. "Este é o meu Filho muito amado; ouvi-o!" Jesus nos traz Deus e nos leva a Deus, com Ele toda a nossa vida se transforma, se renova e nós podemos ver a realidade com olhos novos, sob o ponto de vista de Jesus, com Seus próprios olhos.[4] Por isso, hoje digo a cada um de vocês: "bote Cristo" em sua vida e encontrará um amigo no qual poderá confiar sempre; "bote Cristo" e verá crescer as asas da esperança para percorrer com alegria o caminho do futuro; "bote Cristo" e sua vida estará cheia do Seu amor, será uma vida fecunda. Porque todos nós queremos ter uma vida fecunda. Uma vida que dê vida aos outros.

Hoje fará bem a todos nós perguntar-nos sinceramente: em quem colocamos nossa fé? Em nós mesmos, nas coisas, ou em Jesus? Todos temos, muitas vezes, a tentação de colocar a nós mesmos no centro, de acreditar que somos o eixo do universo, de acreditar que somos nós, sozinhos, que construímos nossa vida, ou pensar que ter dinheiro e poder é o que dá a felicidade. Mas todos sabemos que não é assim. O ter, o dinheiro, o poder podem oferecer um momento de embriaguez, a ilusão de sermos felizes, mas, ao final, nos dominam e nos levam a querer ter cada vez mais, a não estar satisfeitos. E terminamos empanturrados, mas não alimentados; e é muito triste ver uma juventude empanturrada mas débil. A juventude tem de ser forte, alimentar-se de sua fé, e não empanturrar-se de outras coisas. "Bote Cristo" em sua vida, bote sua confiança Nele e você não ficará decepcionado!

Vejam, queridos amigos, a fé realiza uma revolução que poderíamos chamar de copernicana, nos arranca do centro e coloca Deus ali; a fé nos inunda do Seu amor, que nos dá segurança, força e esperança. Parece que, aparentemente, nada muda, mas, no mais profundo de nós mesmos, tudo muda. Quando Deus está em nosso coração, ali habita a paz, a doçura, a ternura, o entusiasmo, a

[4]Cf. Carta encíclica *Lumen fidei*, 18.

serenidade e a alegria, que são frutos do Espírito Santo;[5] então nossa existência se transforma, nosso modo de pensar e de agir se renova, se converte no modo de pensar e de agir de Jesus, de Deus. Queridos amigos, a fé é revolucionária – e eu pergunto a vocês, hoje: está disposto, está disposta a entrar nessa onda da revolução da fé? Só entrando nessa onda a sua vida jovem terá sentido e, assim, será fecunda.

Querido jovem, querida jovem: "bote Cristo" em sua vida. Nestes dias, Ele espera você. Escute-O com atenção e Sua presença entusiasmará seu coração. "Bote Cristo": Ele acolhe você no sacramento do perdão, com Sua misericórdia cura todas as feridas do pecado. Não tenha medo de pedir perdão a Ele, porque Ele, em seu imenso amor, nunca se cansa de nos perdoar, como um pai que nos ama. Deus é pura misericórdia! "Bote Cristo": Ele espera você também na Eucaristia, sacramento da Sua presença, do Seu sacrifício de amor, e Ele espera você também na humanidade de tantos jovens que enriqueceram você com sua amizade, animaram você com seu testemunho de fé, ensinaram a você a linguagem do amor, da bondade, do serviço. Também você, querido jovem, querida jovem, pode ser uma testemunha feliz do Seu amor, uma testemunha entusiasta do Seu Evangelho, para levar um pouco de luz a este mundo. Deixe-se amar por Jesus; é um amigo que não decepciona.

"É bom estarmos aqui", colocando Cristo, a fé, a esperança, o amor que Ele nos dá, em nossa vida. Queridos amigos, nesta celebração acolhemos a imagem de Nossa Senhora Aparecida. Com Maria, pedimos que ela nos ensine a seguir Jesus. Que nos ensine a ser discípulos e missionários. Como ela, queremos dizer "sim" a Deus. Peçamos a seu coração de Mãe que interceda por nós, para que nossos corações estejam dispostos a amar Jesus e a fazer com que Ele seja amado. Queridos jovens, Jesus nos espera! Jesus conta conosco! Amém.

---

[5] Gl 5,22.

ALOCUÇÃO NA HORA DA AVE-MARIA (ANGELUS)

Balcão do Arcebispado, Rio de Janeiro
Sexta-feira, 26 de julho de 2013

Caríssimos irmãos e amigos, bom dia!

Dou graças à Divina Providência por ter guiado meus passos até aqui, na cidade de São Sebastião do Rio de Janeiro. Agradeço de coração sincero a dom Orani e também a vocês pelo acolhimento caloroso, com que manifestam seu carinho pelo sucessor de Pedro. Desejaria que a minha passagem por esta cidade do Rio renovasse em todos o amor a Cristo e à Igreja, a alegria de estar unidos a Ele e de pertencer à Igreja; e o compromisso de viver e testemunhar a fé.

Uma belíssima expressão da fé do povo é o *Angelus* (Hora da Ave-Maria). É uma oração simples que se reza nos três momentos característicos da jornada que marcam o ritmo da nossa atividade quotidiana: de manhã, ao meio-dia e ao anoitecer. É, porém, uma oração importante; convido a rezá-la com a Ave-Maria. Lembra-nos de um acontecimento luminoso que transformou a história: a Encarnação, o Filho de Deus se fez homem em Jesus de Nazaré.

Hoje a Igreja celebra os pais da Virgem Maria, os avós de Jesus: São Joaquim e Sant'Ana. Na casa deles, veio ao mundo Maria, trazendo consigo aquele mistério extraordinário da Imaculada Conceição; na casa deles, cresceu, acompanhada por seu amor e sua fé; na casa deles, aprendeu a escutar o Senhor e seguir Sua vontade. São Joaquim e Sant'Ana fazem parte de uma longa corrente que transmitiu a fé e o amor a Deus, no calor da família, até Maria, que acolheu em seu seio o Filho de Deus e O ofereceu ao mundo, ofereceu-O a nós. Vemos aqui o valor precioso da família como lugar privilegiado para transmitir a fé! Olhando para o ambiente familiar, queria destacar uma coisa: hoje, na festa de São Joaquim e Sant'Ana, no Brasil como em outros países, celebra-se a festa dos avós. Como os avós são importantes na vida da família, para comunicar o patrimônio de humanidade e de fé que é essencial para qualquer sociedade! E como é importante o encontro e o diálogo entre as gerações, principalmente dentro da família. O *Documento de Aparecida* nos recorda: "Crianças e anciãos constroem o futuro dos povos; as crianças porque levarão adiante a história, os anciãos porque transmitem a experiência e a sabedoria de suas vidas".[1] Esta relação, este diálogo entre as gerações é um tesouro que deve ser conservado e alimentado! Nesta Jornada Mundial da Juventude, os jovens querem saudar os avós. Eles saúdam seus avós com muito carinho. Aos avós. Saudamos os avós. Eles, os jovens, saúdam seus avós com muito carinho e lhes agradecem pelo testemunho de sabedoria que nos oferecem continuamente.

E agora, nesta praça, nas ruas próximas, nas casas que acompanham conosco este momento de oração, sintamo-nos como uma única grande família e nos dirijamos a Maria, para que guarde as nossas famílias, faça delas lares de fé e de amor, onde se sinta a presença do seu Filho Jesus [oração do *Angelus*].

[1]*Documento de Aparecida*, 447.

VIA-SACRA COM OS JOVENS

Copacabana, Rio de Janeiro
Sexta-feira, 26 de julho de 2013

Queridos jovens,

Viemos hoje acompanhar Jesus no seu caminho de dor e de amor, o caminho da cruz, que é um dos momentos fortes da Jornada Mundial da Juventude. No final do Ano Santo da Redenção, o Bem-aventurado João Paulo II quis confiar a cruz a vocês, jovens, dizendo-lhes: "Levai-a pelo mundo, como sinal do amor de Jesus pela humanidade e anunciai a todos que só em Cristo morto e ressuscitado há salvação e redenção".[1] A partir de então a cruz percorreu todos os continentes e atravessou os mais variados mundos da existência humana, ficando quase que impregnada com as situações de vida de tantos jovens que a viram e carregaram. Queridos irmãos, ninguém pode tocar a cruz de Jesus sem deixar algo de si mesmo nela e sem trazer algo da cruz de Jesus para sua própria vida. Nesta tarde, acompanhando o Senhor, queria que ressoassem três perguntas nos seus corações: o que vocês terão deixado na cruz, queridos jovens brasileiros, nestes dois anos em que ela atravessou seu imenso país? E o que terá deixado a cruz de Jesus em cada um de vocês? E, finalmente, o que esta cruz ensina à nossa vida?

1. Uma antiga tradição da Igreja de Roma conta que o apóstolo Pedro, saindo da cidade para escapar da perseguição de Nero, viu que Jesus caminhava em direção contrária e imediatamente lhe perguntou: "Senhor, para onde vais?". A resposta de Jesus foi: "Vou a Roma, para ser novamente crucificado". Naquele momento, Pedro compreendeu que tinha de seguir o Senhor com valentia,

---

[1]Palavras aos jovens, 22 de abril de 1984: *Insegnamenti* VII, 1 (1984), 1105.

até o final, mas entendeu sobretudo que nunca estava só no caminho; com ele estava sempre Jesus, que o havia amado até a morte. Vejam, Jesus percorre, com sua cruz, nossas ruas e carrega nossos medos, nossos problemas, nossos sofrimentos, inclusive os mais profundos. Com a cruz, Jesus se une ao silêncio das vítimas da violência, que já não podem gritar, sobretudo os inocentes e os indefesos; com a cruz, Jesus se une às famílias que se encontram em dificuldade e que choram a trágica perda dos seus filhos, como no caso dos 242 jovens vítimas do incêndio na cidade de Santa Maria, no começo deste ano. Rezamos por eles. Com a cruz, Jesus se une a todas as pessoas que sofrem fome neste mundo que, ao mesmo tempo, se permite o luxo de jogar fora, a cada dia, toneladas de alimentos. Com a cruz, Jesus está próximo de tantos pais e mães que sofrem ao ver seus filhos vítimas de paraísos artificiais, como as drogas. Com a cruz, Jesus se une a quem é perseguido por sua religião, por suas idéias, ou simplesmente pela cor da sua pele; na cruz, Jesus está junto de tantos jovens que perderam sua confiança nas instituições políticas, porque vêem o egoísmo e a corrupção, ou que perderam sua fé na Igreja, e inclusive em Deus, por causa da incoerência dos cristãos e dos ministros do Evangelho. Como as nossas incoerências fazem Jesus sofrer! Na cruz de Cristo está o sofrimento, o pecado do homem, também o nosso, e Ele acolhe tudo com os braços abertos, carrega sobre seus ombros nossas cruzes e nos diz: "Ânimo! Você não a carrega sozinho. Eu a carrego com você; e eu venci a morte; e vim lhe dar esperança, dar-lhe a vida".[2]

2. Podemos agora responder à segunda pergunta: o que a cruz deixou nos que a viram e naqueles que a tocaram? O que ela deixa em cada um de nós? Vejam, deixa um bem que ninguém mais pode nos dar: a certeza do amor fiel que Deus tem por nós. Um amor tão grande, que entra em nosso pecado e o perdoa, entra em nosso sofrimento e nos dá força para suportá-lo, entra também

[2]Cf. Jo 3,16.

na morte para vencê-la e salvar-nos. Na cruz de Cristo está todo o amor de Deus, está sua imensa misericórdia. E é um amor no qual podemos confiar, no qual podemos crer. Queridos jovens, confiemos Nele.[3] Porque Ele não engana ninguém. Só em Cristo morto e ressuscitado encontramos salvação e redenção. Com Ele, o mal, o sofrimento e a morte não têm a última palavra, porque Ele nos dá esperança e vida: transformou a cruz, que era um instrumento de ódio, de derrota e de morte, num signo de amor, de vitória, de triunfo e de vida.

O primeiro nome do Brasil foi, precisamente, Terra de Santa Cruz. A cruz de Cristo foi plantada não só na praia, há mais de cinco séculos, mas também na história, no coração e na vida do povo brasileiro, e em muitos outros povos. Sentimos, próximo de nós, o Cristo que sofre; um de nós, que compartilha nosso caminho até o fim. Não há cruz, pequena ou grande, em nossa vida que o Senhor não compartilhe conosco.

3. Mas a cruz também nos convida a deixarmo-nos contagiar por esse amor, nos ensina, assim, a olhar sempre o outro com misericórdia e amor, sobretudo quem sofre, quem tem necessidade de ajuda, quem espera uma palavra, um gesto. A cruz nos ensina a sair de nós mesmos para ir ao encontro deles e estender-lhes a mão. Muitos rostos, vimos nesta via-sacra, muitos rostos acompanharam Jesus no caminho para o Calvário: Pilatos, o Cireneu, Maria, as mulheres... Hoje eu pergunto a vocês: como vocês querem ser? Querem ser como Pilatos, que não tem a valentia de ir contra a corrente para salvar a vida de Jesus, e por isso lava as mãos? Digam-me: vocês são dos que lavam as mãos, se fazem de distraídos e olham para o outro lado, ou são como o Cireneu, que ajuda Jesus a levar aquele madeiro pesado, como Maria e as outras mulheres, que não têm medo de acompanhar Jesus até o final, com amor, com ternura? Como qual deles vocês querem ser? Como Pilatos, como o Cireneu, como

[3]Cf. *Lumen fidei*, 16.

Maria? Jesus olha para você agora e lhe diz: quer me ajudar a levar a cruz? Irmão e irmã, com toda a sua força de jovem, o que você Lhe responde?

Queridos jovens, levemos nossas alegrias, nossos sofrimentos, nossos fracassos à cruz de Cristo; encontraremos um coração aberto que nos compreende, nos perdoa, nos ama e nos pede para levar esse mesmo amor à nossa vida, amar cada um dos nossos irmãos ou irmãs com esse mesmo amor.

HOMILIA NA SANTA MISSA COM OS BISPOS, SACERDOTES, RELIGIOSOS E SEMINARISTAS

Catedral de São Sebastião, Rio de Janeiro
Sábado, 27 de julho de 2013

Amados Irmãos em Cristo,

Vendo esta catedral lotada com Bispos, sacerdotes, seminaristas, religiosos e religiosas vindos do mundo inteiro, penso nas palavras do salmo da Missa de hoje: "Que as nações vos glorifiquem, ó Senhor".[1]

Sim, estamos aqui para louvar ao Senhor, e o fazemos reafirmando nossa vontade de ser instrumentos seus, para que louvem o Senhor não alguns povos, mas todos. Com a mesma parrésia de Paulo e Barnabé, queremos anunciar o Evangelho a nossos jovens, para que encontrem Cristo e se convertam em construtores de um mundo mais fraterno. Nesse sentido, quero refletir com vocês sobre três aspectos da nossa vocação: chamados por Deus, chamados a anunciar o Evangelho, chamados a promover a cultura do encontro.

1. *Chamados por Deus*. Creio que é importante reavivar sempre em nós este fato, que quase sempre damos por certo entre tantos compromissos cotidianos: "Não fostes vós que me escolhestes, mas eu vos escolhi", disse Jesus.[2] É um caminhar novamente até a fonte da nossa chamada. Por isso um bispo, um sacerdote, um consagrado, uma consagrada, um seminarista não pode ser um desmemoriado. Perde a referência essencial em relação ao início do seu caminho. Pedir a graça, pedi-la à Virgem – Ela tinha

---

[1]Sl 66.

[2]Jo 15,16.

boa memória –, a graça de recordar esse primeiro chamado. Fomos chamados por Deus e chamados para permanecer com Jesus,[3] unidos a ele. Na realidade, este viver, este permanecer em Cristo, marca tudo o que somos e o que fazemos. É precisamente a "vida em Cristo" que garante nossa eficácia apostólica e a fecundidade do nosso serviço: "[...] Eu vos escolhi e vos constituí para que vades e produzais fruto, e o vosso fruto permaneça".[4] Não é a criatividade, por mais pastoral que seja, não são os encontros ou os planejamentos o que assegura os frutos, ainda que ajudem muito, mas o que assegura o fruto é ser fiéis a Jesus, que nos disse com insistência: "Permanecei em mim e eu permanecerei em vós".[5] E sabemos muito bem o que isso significa: contemplá-lo, adorá-lo e abraçá-lo em nosso encontro cotidiano com ele na Eucaristia, em nossa vida de oração, em nossos momentos de adoração, e também reconhecê-lo presente e abraçá-lo nas pessoas mais necessitadas. O "permanecer" com Cristo não significa isolar-se, mas um permanecer para ir ao encontro dos outros. Quero recordar aqui algumas palavras da Beata Madre Teresa de Calcutá. Ela disse: "Devemos estar muito orgulhosos da nossa vocação, que nos dá a oportunidade de servir a Cristo nos pobres. É nas favelas, nas periferias, nos subúrbios que se deve ir para buscar e servir a Cristo. Devemos ir até eles como o sacerdote se aproxima do altar: com alegria".[6] Jesus é o Bom Pastor, é nosso verdadeiro tesouro. Por favor, não o apaguemos de nossa vida. Enraizemos Nele, cada vez mais, o nosso coração.[7]

2. *Chamados a anunciar o Evangelho*. Muitos de vocês, queridos Bispos e sacerdotes, se não todos, vieram para acompanhar os jovens na Jornada Mundial da Juventude.

---

[3]Cf. Mc 3,14.

[4]Jo 15,16.

[5]Jo 15,4.

[6]*Mother Instructions*, I, p. 80.

[7]Cf. Lc 12,34.

Também eles escutaram as palavras da missão que Jesus nos deu: "Ide, pois, e ensinai a todas as nações".[8] Nosso compromisso de pastores é ajudar todos a sentir em seus corações arder o desejo de ser discípulos missionários de Jesus. Certamente, muitos poderiam se sentir um pouco assustados diante dessa convocação, pensando que ser missionários significa necessariamente abandonar o país, a família e os amigos. Deus quer que sejamos missionários. Onde estamos? Onde Ele nos coloca: em nossa pátria ou onde nos coloque. Ajudemos os jovens a perceber que ser discípulos missionários é uma conseqüência de ser batizados, é parte essencial de ser cristão, e que o primeiro lugar onde se deve evangelizar é a própria casa, o ambiente de estudo ou de trabalho, a família e os amigos. Ajudemos os jovens. Escutemos suas ilusões. Precisam ser ouvidos. Para escutar suas decepções, para ouvir suas dificuldades, devemos estar sentados, acompanhando o mesmo libreto, mas com música diferente, com identidades diferentes. A paciência de escutar! Isso lhes peço de coração. No confessionário, na direção espiritual, no acompanhamento. Saibamos perder tempo com eles. Semear custa e cansa, cansa muitíssimo! E é muito mais gratificante aproveitar a colheita... Que esperto! Todos aproveitamos mais com a colheita! Mas Jesus nos pede que semeemos com seriedade. Não poupemos esforços na formação dos jovens. São Paulo, dirigindo-se a seus cristãos, utiliza uma expressão que ele tornou realidade em sua própria vida: "Filhinhos meus, por quem de novo sinto dores de parto [...]".[9] Que também nós tornemos realidade essa expressão em nosso ministério. Ajudar nossos jovens a redescobrir o valor e a alegria da fé, a alegria de ser amados pessoalmente por Deus. Isto é muito difícil, mas quando um jovem o compreende, quando um jovem sente isso com a unção que lhe dá o Espírito Santo, este ser amado pessoalmente por Deus o acompanha depois

[8]Cf. Mt 28,19.

[9]Gl 4,19.

por toda a vida. A alegria que Ele concedeu a seu Filho Jesus por nossa salvação. Educá-los na missão, a sair, a pôr-se em marcha, a ser andarilhos da fé. Assim fez Jesus com seus discípulos: não os manteve colados a Ele como a galinha com seus pintinhos; enviou-os. Não podemos ficar enclausurados na paróquia, em nossa comunidade, em nossa instituição paroquial ou em nossa instituição diocesana, quando tantas pessoas estão esperando o Evangelho. Sair, enviados. Não é um simples abrir a porta para que venham, para acolher, mas sair pela porta para buscar e encontrar. Empurremos os jovens para que saiam. Claro que farão bobagens. Não tenhamos medo! Os apóstolos fizeram bobagens antes de nós. Empurremo-los para sair! Pensemos com decisão numa pastoral que comece na periferia, pelos que estão mais afastados, os que não estão acostumados a freqüentar a paróquia. Eles são os convidados VIP. Vão procurá-los nos cruzamentos das estradas.

3. Ser chamados por Jesus, chamados para evangelizar e, terceiro, *chamados a promover a cultura do encontro*. Em muitos ambientes, e em geral neste humanismo economicista que nos foi imposto no mundo, abriu-se caminho a uma cultura da exclusão, uma “cultura do descarte”. Não há lugar para o idoso nem para o filho não desejado; não há tempo para perder com aquele pobre na rua. Às vezes parece que, para alguns, as relações humanas estão reguladas por dois “dogmas”: eficiência e pragmatismo. Queridos Bispos, sacerdotes, religiosos, religiosas e vocês, seminaristas que se preparam para o ministério, tenham a coragem de ir na contracorrente dessa cultura. Tenham coragem! Lembrem-se, e isso me faz bem, medito-o com freqüência. Peguem o Primeiro Livro de Macabeus, lembrem-se quando quiseram adaptar-se à cultura da época. “Não...! Deixemos, não...! Comamos de tudo com todas as pessoas... Bem, a Lei, sim, mas sem exagero...” E foram deixando a fé para estar inseridos na corrente dessa cultura. Tenham a coragem de ir contra a corrente dessa cultura da eficiência, dessa cultura do descarte. O encon-

tro e a acolhida de todos; a solidariedade é uma palavra que estão escondendo nessa cultura, quase uma palavra má. A solidariedade e a fraternidade são os elementos que tornam nossa civilização verdadeiramente humana.

Ser servidores da comunhão e da cultura do encontro. Gostaria que fossem quase obsessivos neste sentido. E fazê-lo sem ser presunçosos, impondo "nossa verdade", mas bem guiados pela certeza humilde e feliz de quem foi encontrado, alcançado e transformado pela Verdade que é Cristo, e não pode deixar de proclamá-la.[10]

Queridos irmãos e irmãs, estamos chamados por Deus, com nome e sobrenome, cada um de nós, chamados a anunciar o Evangelho e promover com alegria a cultura do encontro. A Virgem Maria é nosso modelo. Em sua vida deu "o exemplo daquele afeto maternal de que devem estar animados todos quantos cooperam na missão apostólica que a Igreja tem de regenerar os homens".[11]

Pedimos a Ela que nos ensine a nos encontrar cada dia com Jesus. E, quando nos distraímos, pois temos muitas coisas para cuidar, e o sacrário fica abandonado, que nos leve pela mão. Peçamos-Lhe. Veja, Mãe, quando eu estiver desorientado, leva-me pela mão. Que Ela nos empurre para sair ao encontro de tantos irmãos e irmãs que estão na periferia, que têm sede de Deus e não há quem O anuncie. Ela não pode nos obrigar a sair de nossas casas, mas pode nos animar a sair. E, assim, sermos discípulos do Senhor. Que Ela nos conceda a todos esta graça.

[10] Cf. Lc 24,13-35.

[11] Concílio Ecumênico Vaticano II, *Constituição Dogmática Lumen gentium*, 65.

DISCURSO NO ENCONTRO COM A CLASSE DIRIGENTE DO BRASIL

Teatro Municipal, Rio de Janeiro
Sábado, 27 de julho de 2013

Excelências,
Senhoras e Senhores, bom dia!

Agradeço a Deus pela possibilidade de me encontrar com tão respeitável representação dos responsáveis políticos e diplomáticos, culturais e religiosos, acadêmicos e empresariais deste imenso Brasil. Saúdo cordialmente a todos e lhes expresso o meu reconhecimento.[1]

Saúdo cordialmente a todos e expresso meu reconhecimento. Agradeço a Dom Orani e ao senhor Walmyr Júnior por suas amáveis palavras de boas-vindas, de apresentação e testemunho. Vejo em vocês a memória e a esperança: a memória do caminho e a consciência de sua pátria; e a esperança de que esta pátria, aberta à luz que emana do Evangelho, continue se desenvolvendo no pleno respeito dos princípios éticos baseados na dignidade transcendente da pessoa.

Memória do passado e utopia para o futuro se encontram no presente, que não é uma conjuntura sem história e sem promessa, mas um momento no tempo, um desafio para recolher sabedoria e saber engendrá-la. Quem possui um papel de responsabilidade numa nação está chamado a enfrentar o futuro "com o olhar tranqüilo de quem sabe ver a verdade", como dizia o pensador brasileiro Alceu Amoroso Lima.[2] Gostaria de compartilhar com vocês três

---

[1]Neste momento, o Papa diz: "Queria lhes falar usando a bela língua portuguesa de vocês, mas, para poder me expressar melhor, manifestando o que trago no coração, prefiro falar em castelhano. Peço-vos a cortesia de me perdoar!".

[2]"Nosso tempo", em *A vida sobrenatural e o mundo moderno*, Rio de Janeiro, 1956, p. 106.

aspectos desse olhar calmo, sereno e sábio: primeiro, a originalidade de uma tradição cultural; segundo, a responsabilidade solidária para construir o futuro, e, terceiro, o diálogo construtivo para enfrentar o presente.

1. Em primeiro lugar, é justo valorizar a originalidade dinâmica que caracteriza a cultura brasileira, com sua extraordinária capacidade para integrar elementos diversos. O sentir comum de um povo, as bases do seu pensamento e da sua criatividade, os princípios fundamentais da sua vida, os critérios de juízo sobre as prioridades, sobre as normas de ação, assentam, fundem-se e crescem numa visão integral da pessoa humana.

Essa visão, do homem e da vida, característica do povo brasileiro, recebeu também a seiva do Evangelho, a fé em Jesus Cristo, o amor de Deus e a fraternidade com o próximo. A riqueza desta seiva pode fecundar um processo cultural fiel à identidade brasileira e, ao mesmo tempo, um processo construtor de um futuro melhor para todos. Um processo que faz crescer a humanização integral e a cultura do encontro e do relacionamento; este é o modo cristão de promover o bem comum, a alegria de viver. E aqui convergem a fé e a razão, a dimensão religiosa com os diversos aspectos da cultura humana: arte, ciência, trabalho, literatura... O cristianismo une transcendência e encarnação; tem a capacidade de revitalizar sempre o pensamento e a vida, frente à ameaça da frustração e do desencanto que podem invadir os corações e se propagar pelas ruas.

2. O segundo elemento que queria abordar é a responsabilidade social. Esta exige um certo tipo de paradigma cultural e, conseqüentemente, de política. Somos responsáveis pela formação de novas gerações, por ajudá-las a ser hábeis na economia e na política, e firmes nos valores éticos. O futuro exige hoje o trabalho de reabilitar a política; reabilitar a política, que é uma das formas mais altas da caridade. O futuro exige também uma visão humanista da economia e uma política que realize cada vez mais e melhor a participação das pessoas, evitando elitismos

e erradicando a pobreza. Que ninguém fique privado do necessário, e que a todos sejam asseguradas dignidade, fraternidade e solidariedade: esta é a estrada proposta. Já no tempo do profeta Amós era muito freqüente a advertência de Deus: "Eles vendem o justo por dinheiro, o indigente, por um par de sandálias; esmagam a cabeça dos fracos no pó da terra e tornam a vida dos oprimidos impossível".[3] Os gritos por justiça continuam ainda hoje.

Quem detém uma função de guia – permitam-me dizer –, quem a vida ungiu como guia, deve ter objetivos concretos e buscar os meios específicos para alcançá-los, mas também pode haver o perigo da desilusão, da amargura, da indiferença, quando as aspirações não se realizam. Aqui faço apelo à dinâmica da esperança, que nos impele a ir sempre mais longe, a empregar todas as energias e capacidades a favor das pessoas para quem se trabalha, aceitando os resultados e criando condições para descobrir novos caminhos, entregando-se inclusive sem ver os resultados, mas mantendo viva a esperança, com aquela constância e coragem que nascem da aceitação da própria vocação de guia e dirigente.

É próprio da liderança escolher a mais justa entre as opções, após tê-las considerado, partindo da própria responsabilidade e do interesse pelo bem comum; por essa estrada, chega-se ao centro dos males da sociedade, para vencê-los com a ousadia de ações corajosas e livres. É nossa responsabilidade, embora sempre limitada, esta compreensão global da realidade, observando, medindo, avaliando, para tomar decisões na hora presente, mas estendendo o olhar para o futuro, refletindo sobre as conseqüências de tais decisões. Quem atua responsavelmente, submete a própria ação aos direitos dos outros e ao juízo de Deus. Este sentido ético aparece, nos nossos dias, como um desafio histórico sem precedentes; devemos procurá-lo, devemos inseri-lo na própria sociedade. Além da racionalidade científica e técnica, na atual situação,

[3] Am 2, 6-7.

impõe-se o vínculo moral com uma responsabilidade social e profundamente solidária.

3. Para completar esta reflexão, além do humanismo integral, que respeite a cultura original, e da responsabilidade solidária, considero fundamental para enfrentar o presente: o diálogo construtivo. Entre a indiferença egoísta e o protesto violento, há uma opção sempre possível: o diálogo. O diálogo entre as gerações, o diálogo no povo, porque todos somos povo, a capacidade de dar e receber, permanecendo abertos à verdade. Um país cresce quando dialogam de modo construtivo as suas diversas riquezas culturais: a cultura popular, a cultura universitária, a cultura juvenil, a cultura artística e a cultura tecnológica, a cultura econômica e a cultura da família; e a cultura da mídia. Quando dialogam... É impossível imaginar um futuro para a sociedade sem uma incisiva contribuição de energias morais numa democracia que permaneça fechada na pura lógica ou no mero equilíbrio da representação de interesses estabelecidos. Considero também fundamental nesse diálogo a contribuição das grandes tradições religiosas, que desempenham um papel fecundo de fermento da vida social e de animação da democracia. A convivência pacífica entre as diferentes religiões se vê beneficiada pela laicidade do Estado, que, sem assumir como própria nenhuma posição confessional, respeita e valoriza a dimensão religiosa na sociedade, favorecendo suas expressões mais concretas.

Quando os líderes dos diferentes setores me pedem um conselho, minha resposta é sempre a mesma: diálogo, diálogo, diálogo. A única maneira para uma pessoa, uma família, uma sociedade crescer, a única maneira para fazer avançar a vida dos povos é a cultura do encontro; uma cultura segundo a qual todos têm algo de bom para dar, e todos podem receber em troca algo de bom. O outro tem sempre algo para nos dar, desde que saibamos nos aproximar dele com uma atitude aberta e disponível, sem preconceitos. Esta atitude aberta, disponível e sem preconceitos, eu a definiria como “humildade social”, que é o que favorece o diálogo. Só assim pode crescer o bom entendimento entre as culturas e as religiões, a estima de umas pelas outras, livre de suposições gratuitas e num clima de respeito pelos direitos de cada uma. Hoje, ou se aposta no diálogo, na cultura do encontro, ou todos perdemos. Todos perdemos... Passa por aqui o caminho fecundo.

Excelências, senhoras e senhores!

Agradeço-lhes pela atenção. Acolham estas palavras como expressão da minha solicitude de pastor de Igreja e do respeito e afeto que nutro pelo povo brasileiro. A fraternidade entre os homens e a colaboração para construir uma sociedade mais justa não são um sonho fantasioso, mas o resultado de um esforço harmônico de todos em favor do bem comum. Encorajo os senhores neste seu empenho em favor do bem comum, que exige da parte de todos sabedoria, prudência e generosidade. Confio-lhes ao Pai do Céu, pedindo-Lhe, por intercessão de Nossa Senhora Aparecida, que cumule de seus dons a cada um dos presentes, suas respectivas famílias e comunidades humanas e de trabalho e, de coração, peço a Deus que lhes abençoe. Muito obrigado!

DISCURSO NO ENCONTRO COM O EPISCOPADO BRASILEIRO

Arcebispado do Rio de Janeiro
Sábado, 27 de julho de 2013

Queridos Irmãos!

Como é bom e agradável encontrar-me aqui com vocês, Bispos do Brasil!

Obrigado por terem vindo, e permitam que lhes fale como amigos, para poder expressar melhor aquilo que levo no coração. Peço-lhes que me perdoem!

Retiramo-nos um pouco, neste lugar preparado por nosso irmão dom Orani, para estar sozinhos e poder falar de coração a coração, como pastores a quem Deus confiou o seu rebanho. Nas ruas do Rio, jovens de todo o mundo e muitas outras multidões estão esperando por nós, necessitados de serem envolvidos pelo olhar misericordioso de Cristo Bom Pastor, que somos chamados a tornar presente. Por isso, gozemos deste momento de descanso, de partilha, de verdadeira fraternidade.

Começando pela presidência da Conferência Episcopal e do Arcebispo do Rio de Janeiro, quero abraçar a todos e cada um, especialmente aos Bispos eméritos.

Mais do que um discurso formal, quero compartilhar algumas reflexões com vocês.

A primeira veio à minha mente quando, da outra vez, visitei o Santuário de Aparecida. Lá, ao pé da imagem da Imaculada Conceição, eu rezei por vocês, por suas Igrejas, por seus presbíteros, religiosos e religiosas, por seus seminaristas, pelos leigos e as suas famílias, em particular pelos jovens e os idosos, já que ambos constituem a esperança de um povo: os jovens, porque eles carregam a força, o sonho, a esperança do futuro; e os idosos, porque eles são a memória, a sabedoria de um povo.[1]

1. *Aparecida: chave de leitura para a missão da Igreja*

Em Aparecida, Deus ofereceu ao Brasil a sua própria Mãe. Mas, em Aparecida, Deus deu também uma lição sobre Si mesmo, sobre o Seu modo de ser e agir. Uma lição sobre a humildade que pertence a Deus como traço essencial e que está no DNA de Deus. Há algo de perene para aprender, em Aparecida, sobre Deus e sobre a Igreja; um ensinamento que nem a Igreja no Brasil nem o próprio Brasil devem esquecer.

No início do evento que é Aparecida está a busca dos pescadores pobres. Tanta fome e poucos recursos. As pessoas sempre precisam de pão. Os homens partem sempre das suas carências, mesmo hoje.

Possuem um barco frágil, inadequado; têm redes decadentes, talvez mesmo danificadas, insuficientes.

Primeiro, há a labuta, talvez o cansaço, pela pesca, mas o resultado é escasso: um falimento, um insucesso. Apesar dos esforços, as redes estão vazias.

Depois, quando foi da vontade de Deus, comparece Ele mesmo no seu mistério. As águas são profundas e, todavia, encerram sempre a possibilidade de Deus; e Ele chegou de surpresa, quem sabe quando já não o esperávamos. A paciência dos que esperam por Ele é sempre posta à prova. E Deus chegou de uma maneira nova, porque Deus é surpresa: uma imagem de barro frágil, escurecida pelas águas do rio, envelhecida também pelo tempo. Deus entra sempre nas vestes da pequenez.

Vêem então a imagem da Imaculada Conceição. Primeiro o corpo, depois a cabeça, em seguida a unificação de corpo e cabeça: a unidade. Aquilo que estava quebrado retoma a unidade. O Brasil colonial estava dividido pelo muro vergonhoso da escravatura. Nossa Senhora

---

[1] O *Documento de Aparecida* sublinha como crianças, jovens e idosos constroem o futuro dos povos (cf. nº 447).

Aparecida se apresenta com a face negra, primeiro dividida mas depois unida, nas mãos dos pescadores.

Há aqui um ensinamento que Deus quer nos oferecer. Sua beleza refletida na Mãe, concebida sem pecado original, emerge da obscuridade do rio. Em Aparecida, logo desde o início, Deus dá uma mensagem de recomposição do que está fraturado, de compactação do que está dividido. Muros, abismos, distâncias ainda hoje existentes estão destinados a desaparecer. A Igreja não pode descurar esta lição: ser instrumento de reconciliação.

Os pescadores não desprezam o mistério encontrado no rio, embora seja um mistério que aparece incompleto. Não jogam fora os pedaços do mistério. Esperam a plenitude. E esta não demora a chegar. Há aqui algo de sabedoria que devemos aprender. Há pedaços de um mistério, como partes de um mosaico, que vamos encontrando. Nós queremos ver muito rápido a totalidade; e Deus, pelo contrário, Se faz ver pouco a pouco. Também a Igreja deve aprender esta expectativa.

Depois, os pescadores trazem para casa o mistério. O povo simples tem sempre espaço para albergar o mistério. Talvez nós tenhamos reduzido a nossa exposição do mistério a uma explicação racional; no povo, pelo contrário, o mistério entra pelo coração. Na casa dos pobres, Deus encontra sempre lugar.

Os pescadores agasalham: revestem o mistério da Virgem pescada, como se Ela tivesse frio e precisasse ser aquecida. Deus pede para ficar abrigado na parte mais quente de nós mesmos: o coração. Depois, é Deus que irradia o calor de que precisamos, mas primeiro entra com o subterfúgio de quem mendiga. Os pescadores cobrem o mistério da Virgem com o manto pobre da sua fé. Chamam os vizinhos para verem a beleza encontrada; eles se reúnem à volta dela; contam as suas penas em sua presença e lhe confiam as suas causas. Permitem assim que possam implementar-se as intenções de Deus: uma graça, depois outra; uma graça que abre para outra; uma graça que prepara outra. Deus vai desdobrando, gradualmente, a humildade misteriosa de Sua força.

Há muito para aprender nessa atitude dos pescadores. Uma Igreja que dá espaço ao mistério de Deus; uma Igreja que alberga de tal modo em si mesma esse mistério, que ele possa encantar as pessoas, atraí-las. Somente a beleza de Deus pode atrair. O caminho de Deus é o encanto que atrai. Deus faz-se levar para casa. Ele desperta no homem o desejo de guardá-lo em sua própria vida, na própria casa, em seu coração. Ele desperta em nós o desejo de chamar os vizinhos, para dar-lhes a conhecer a sua beleza. A missão nasce precisamente dessa fascinação divina, dessa maravilha do encontro. Falamos de missão, de Igreja missionária. Penso nos pescadores que chamam seus vizinhos para verem o mistério da Virgem. Sem a simplicidade do seu comportamento, a nossa missão está fadada ao fracasso.

A Igreja tem sempre a necessidade urgente de não desaprender a lição de Aparecida; não a pode esquecer. As redes da Igreja são frágeis, talvez remendadas; a barca da Igreja não tem a força dos grandes transatlânticos que cruzam os oceanos. E, contudo, Deus quer se manifestar justamente através dos nossos meios, meios pobres, porque é sempre Ele que está agindo.

Queridos irmãos, o resultado do trabalho pastoral não assenta na riqueza dos recursos, mas na criatividade do amor. Fazem falta certamente a tenacidade, a fadiga, o trabalho, o planejamento, a organização, mas, antes de tudo, você deve saber que a força da Igreja não reside nela própria, mas se esconde nas águas profundas de Deus, nas quais ela é chamada a lançar as redes.

Outra lição que a Igreja deve sempre lembrar é que não pode se afastar da simplicidade; caso contrário, desaprende a linguagem do mistério. E não só ela fica fora da porta do mistério, mas, obviamente, não consegue entrar naqueles que pretendem da Igreja aquilo que não podem dar-se por si mesmos: Deus. Às vezes, perdemos aqueles que não nos entendem, porque desaprendemos a simplicidade, inclusive importando de fora uma racionalidade alheia ao nosso povo. Sem a gramática da simplicidade, a Igreja se priva das condições que tornam possível "pescar" Deus nas águas profundas do Seu mistério.

Uma última lembrança: Aparecida surgiu em um lugar de cruzamento. A estrada que ligava Rio, a capital, com São Paulo, a província empreendedora que estava nascendo, e Minas Gerais, as minas muito cobiçadas pelas cortes européias: uma *encruzilhada* do Brasil colonial. Deus aparece nos cruzamentos. A Igreja no Brasil não pode esquecer esta vocação inscrita em si mesma desde sua primeira respiração: ser capaz de sístole e diástole, de recolher e divulgar.

2. *Apreço pelo percurso da Igreja no Brasil*

Os Bispos de Roma tiveram sempre o Brasil e sua Igreja em seu coração. Um maravilhoso percurso foi realizado. Passou-se das 12 dioceses, durante o Concílio Vaticano I, para as atuais 275 circunscrições. Não teve início a expansão de um aparato governamental ou de uma empresa, mas sim o dinamismo dos "cinco pães e dois peixes" – de que fala o Evangelho – que, entrando em contato com a bondade do Pai, em mãos calejadas, tornaram-se fecundos.

Hoje, queria agradecer o trabalho sem parcimônia de vocês, pastores, em suas Igrejas. Penso nos Bispos nas florestas, subindo e descendo os rios, nas regiões semiáridas, no Pantanal, na pampa, nas selvas urbanas das megalópoles. Amem sempre, com total dedicação, o seu rebanho! Mas penso também em tantos nomes e tantas faces, que deixaram marcas indeléveis no caminho da Igreja no Brasil, fazendo palpar com a mão a grande bondade de Deus por esta Igreja.[2]

[2]Penso em tantas figuras, como – somente para citar algumas – Lorscheider, Mendes de Almeida, Sales, Vital, Câmara, Macedo... juntamente com o primeiro Bispo brasileiro, Pero Fernandes Sardinha (1551-1556), assassinado por belicosas tribos locais.

Os Bispos de Roma nunca lhes deixaram sós; seguiram de perto, encorajaram, acompanharam. Nas últimas décadas, o Beato João XXIII convidou com insistência os Bispos brasileiros a prepararem o seu primeiro plano pastoral e, daquele início, cresceu uma verdadeira tradição pastoral no Brasil, que fez com que a Igreja não fosse um transatlântico à deriva, mas tivesse sempre uma bússola. O Servo de Deus Paulo VI, para além de encorajar a recepção do Concílio Vaticano II, com fidelidade mas também com traços originais (veja-se a Assembléia Geral do Celam, em Medellín), influiu decisivamente sobre a autoconsciência da Igreja no Brasil através do Sínodo sobre a Evangelização e de um texto fundamental de referência que continua atual: a *Evangelii nuntiandi*. O Beato João Paulo II visitou o Brasil três vezes, percorrendo-o "de cabo a rabo", de norte a sul, insistindo sobre a missão pastoral da Igreja, a comunhão e participação, a preparação do Grande Jubileu, a nova evangelização. Bento XVI escolheu Aparecida para realizar a V Assembléia Geral do Celam e isso deixou uma grande marca na Igreja de todo o continente.

A Igreja no Brasil recebeu e aplicou com originalidade o Concílio Vaticano II; e o percurso realizado, embora tenha tido de superar determinadas doenças infantis, levou a uma Igreja gradualmente mais madura, aberta, generosa, missionária.

Hoje estamos em um novo momento. Segundo a feliz expressão do *Documento de Aparecida*, não é uma época de mudança, mas uma mudança de época. Sendo assim, hoje é cada vez mais urgente nos perguntarmos: o que Deus pede a nós? A esta pergunta, queria tentar oferecer algumas linhas de resposta.

3. *O ícone de Emaús como chave de leitura do presente e do futuro*

Antes de mais nada, não devemos ceder ao medo de que falava o Beato John Henry Newman: "O mundo cristão está gradualmente se tornando estéril, e esgota-se como uma terra profundamente explorada que se torna areia".[3] Não devemos ceder ao desencanto, ao desânimo, às lamentações. Nós trabalhamos duro e, às vezes, nos parece acabar derrotados: apodera-se de nós o sentimento de quem tem de fazer o balanço de uma estação já perdida, olhando para aqueles que nos deixam ou já não nos consideram credíveis, relevantes.

Vamos ler sob esta luz, mais uma vez, o episódio de Emaús.[4] Os dois discípulos escapam de Jerusalém. Eles se afastam da "nudez" de Deus. Estão escandalizados com o falimento do Messias, em quem haviam esperado e que agora aparece irremediavelmente derrotado, humilhado, mesmo após o terceiro dia.[5] O mistério difícil das pessoas que abandonam a Igreja; de pessoas que, após deixar-se iludir por outras propostas, consideram que a Igreja – a sua Jerusalém – nada mais possa lhes oferecer de significativo e importante. E assim seguem pelo caminho sozinhos, com a sua desilusão. Talvez a Igreja lhes apareça demasiado frágil, talvez demasiado longe das suas necessidades, talvez demasiado pobre para dar resposta às suas inquietações, talvez demasiado fria para com elas, talvez demasiado auto-referencial, talvez prisioneira da própria linguagem rígida, talvez lhes pareça que o mundo fez da Igreja uma relíquia do passado, insuficiente para as novas questões; talvez a Igreja tenha respostas para a infância do homem, mas não para a sua idade adulta.[6] O fato é que hoje há muitos que são como os dois discípulos de Emaús; e não apenas aqueles que buscam respostas nos novos e difusos grupos religiosos, mas também aqueles que parecem já viver sem Deus, tanto em teoria como na prática.

---

[3]"Letter of 26 january 1833", in *The letters and Diaries of John Henry Newman* , vol. III, Oxford 1979, p. 204.

[4]Cf. Lc 24, 13-15.

[5]Cf. Lc 24, 17-21.

[6]No *Documento de Aparecida* são apresentadas, sinteticamente, as razões de fundo deste fenômeno (cf. nº 225).

Perante esta situação, o que fazer?

Faz falta uma Igreja que não tenha medo de entrar na noite deles. Precisamos de uma Igreja capaz de encontrá-los no seu caminho. Precisamos de uma Igreja capaz de inserir-se na sua conversa. Precisamos de uma Igreja que saiba dialogar com aqueles discípulos, que, fugindo de Jerusalém, vagam sem meta, sozinhos, com o seu próprio desencanto, com a desilusão de um cristianismo considerado hoje um terreno estéril, infecundo, incapaz de gerar sentido.

A globalização implacável e a intensa urbanização, freqüentemente selvagem, prometeram muito. Muitos se enamoraram das suas potencialidades e, nelas, existe algo de verdadeiramente positivo, como, por exemplo, a diminuição das distâncias, a aproximação das pessoas à cultura, a difusão da informação e dos serviços. Mas, por outro lado, muitos vivem os seus efeitos negativos sem dar-se conta de quanto esses prejudicam a própria visão do homem e do mundo, gerando maior desorientação e um vazio que não conseguem explicar. Alguns destes efeitos são a confusão acerca do sentido da vida, a desintegração pessoal, a perda da experiência de pertencer a um "ninho", a carência de um lugar e de laços profundos.

E, como não há quem lhes faça companhia e mostre com a própria vida o caminho verdadeiro, muitos buscaram atalhos, porque se apresenta demasiado alta a "medida" da Grande Igreja. Também existem aqueles que reconhecem o ideal do homem e de vida proposto pela Igreja, mas não têm a audácia de abraçá-lo. Pensam que este ideal seja grande demais para eles, esteja fora das suas possibilidades; a meta a alcançar é inatingível. Todavia, não podem viver sem ter pelo menos alguma coisa – nem que seja uma caricatura – disso que lhes parece demasiado alto e distante. Com a desilusão no coração, partem à procura de qualquer coisa que possa iludi-los uma vez mais, ou resignam-se a uma adesão parcial que, em última análise, não consegue dar plenitude à sua vida.

A grande sensação de abandono e solidão, de não pertencerem sequer a si mesmos, que muitas vezes surge dessa situação é dolorosa demais para ser silenciada. Há necessidade de desabafar, restando-lhes então a via da lamentação. Mas a própria lamentação torna-se, por sua vez, como um *bumerangue* que regressa e acaba aumentando a infelicidade. Ainda poucas pessoas são capazes de ouvir a dor: é preciso pelo menos anestesiá-la.

Perante este panorama, precisamos de uma Igreja capaz de fazer companhia, de ir para além da simples escuta; uma Igreja que acompanha o caminho pondo-se em viagem com as pessoas; uma Igreja capaz de decifrar a noite contida na fuga de tantos irmãos e irmãs de Jerusalém; uma Igreja que se dê conta de como as razões pelas quais há pessoas que se afastam também guardam, em si mesmas, as razões para um possível retorno; mas é necessário saber ler a totalidade com coragem. Jesus deu calor ao coração dos discípulos de Emaús.

Eu gostaria que hoje nos perguntássemos todos: somos ainda uma Igreja capaz de aquecer o coração? Uma Igreja capaz de reconduzir a Jerusalém? Capaz de acompanhar de novo à casa? Em Jerusalém, residem as nossas fontes: escritura, catequese, sacramentos, comunidade, amizade do Senhor, Maria e os apóstolos... Somos ainda capazes de apresentar essas fontes, de modo que despertem fascinação por sua beleza?

Muitos se foram, porque lhes foi prometido algo de mais *alto*, algo de mais *forte*, algo de mais *rápido*.

Mas haverá algo de *mais alto* que o amor revelado em Jerusalém? Nada é mais alto do que o aviltamento da cruz, porque lá se atinge verdadeiramente a altura do amor! Somos ainda capazes de mostrar esta verdade para aqueles que pensam que a verdadeira altura da vida esteja em outro lugar?

Porventura se conhece algo de *mais forte* que a força escondida na fragilidade do amor, do bem, da verdade, da beleza?

A busca do que é cada vez *mais rápido* atrai o homem de hoje: internet rápida, carros velozes, aviões rápidos, relatórios rápidos... E, todavia, sente-se uma necessidade desesperada de calma, quero dizer, de lentidão. A Igreja sabe ainda ser lenta: no tempo para ouvir, na paciência para costurar novamente e reconstruir? Ou a própria Igreja já se deixa arrastar pelo frenesi da eficiência? Recuperemos, queridos irmãos, a calma de saber sintonizar o passo com as possibilidades dos peregrinos, com os seus ritmos de caminhada, recuperemos a capacidade de estar sempre perto deles, para permitir que abram uma brecha no desencanto que existe nos corações, e assim entrar neles. Eles querem esquecer Jerusalém, onde residem suas fontes, mas assim acabarão por sentir sede. Faz falta uma Igreja ainda capaz de acompanhar o regresso a Jerusalém! Uma Igreja que seja capaz de fazer descobrir as coisas gloriosas e estupendas que se dizem de Jerusalém, de fazer entender que ela é minha Mãe, nossa Mãe, e não somos órfãos! Nela nascemos. Onde está a nossa Jerusalém, em que nascemos? No batismo, no primeiro encontro de amor, na chamada, na vocação![7] Precisamos de uma Igreja que volte a dar calor, a inflamar o coração.

Precisamos de uma Igreja capaz ainda de devolver a cidadania a muitos de seus filhos, que caminham como em um êxodo.

4. *Os desafios da Igreja no Brasil*

À luz do que eu disse, quero sublinhar alguns desafios da amada Igreja que está no Brasil.

A prioridade da formação: Bispos, sacerdotes, religiosos, leigos.

Queridos irmãos, se não formarmos ministros capazes de aquecer o coração das pessoas, de caminhar na noite com elas, de dialogar com suas ilusões e desilusões, de recompor suas desintegrações, o que poderemos esperar para o caminho presente e futuro? Não é verdade que

[7]Cf. também os quatro pontos indicados pelo *Documento de Aparecida*, nº 226.

Deus se tenha obscurecido nelas. Aprendamos a olhar mais profundamente: falta quem lhes aqueça o coração, como sucedeu com os discípulos de Emaús.[8]

Por isso, é importante promover e cuidar uma formação qualificada, que crie pessoas capazes de descer na noite sem ser invadidas pela escuridão e perder-se; capazes de ouvir a ilusão de muitos, sem se deixar seduzir; capazes de acolher as desilusões, sem desesperar-se nem precipitar-se na amargura; capazes de tocar a desintegração alheia, sem se deixar dissolver e decompor na sua própria identidade.

Precisamos de uma solidez humana, cultural, afetiva, espiritual, doutrinal.[9] Queridos irmãos no episcopado, é preciso ter a coragem de levar a fundo uma revisão das estruturas de formação e preparação do clero e do laicato da Igreja que está no Brasil. Não é suficiente uma vaga prioridade da formação, nem documentos ou encontros. Faz falta a sabedoria prática de levantar estruturas duradouras de preparação em âmbito local, regional, nacional e que sejam o verdadeiro coração para o episcopado, sem poupar forças, solicitude e assistência. A situação atual exige uma formação qualificada em todos os níveis. Vocês, Bispos, não podem delegar este dever, mas devem assumi-lo como algo de fundamental para o caminho das suas Igrejas.

Colegialidade e solidariedade da Conferência Episcopal

Para a Igreja no Brasil, não basta um líder nacional; há necessidade de uma rede de "testemunhos" regionais que, falando a mesma linguagem, assegurem, em todos os lugares, não a unanimidade, mas a verdadeira unidade na riqueza da diversidade.

A comunhão é uma teia que deve ser tecida com paciência e perseverança, que vai gradualmente "aproximando

[8] Cf. Lc 24,32.

[9] No *Documento de Aparecida* dá-se grande atenção à formação do clero, bem como dos leigos (cf. nn. 316-325; 212).

os pontos" para permitir uma cobertura cada vez mais ampla e densa. Um cobertor só com poucos fios de lã não aquece.

É importante lembrar Aparecida, o método de congregar a diversidade; não tanto a diversidade de idéias para produzir um documento, mas a variedade de experiências de Deus para pôr em movimento uma dinâmica vital.

Os discípulos de Emaús voltaram para Jerusalém, contando a experiência que tinham feito no encontro com o Cristo Ressuscitado.[10] E lá tomam conhecimento das outras manifestações do Senhor e das experiências dos seus irmãos. A Conferência Episcopal é justamente um espaço vital para permitir tal permuta de testemunhos sobre os encontros com o Ressuscitado, no norte, no sul, no oeste... Faz falta, pois, uma progressiva valorização do elemento local e regional. Não é suficiente a burocracia central, mas é preciso fazer crescer a colegialidade e a solidariedade; será uma verdadeira riqueza para todos.[11]

Estado permanente de missão e conversão pastoral

Aparecida falou de estado permanente de missão[12] e da necessidade de uma conversão pastoral.[13] São dois resultados importantes daquela assembléia para a Igreja inteira da região; e o caminho realizado no Brasil a propósito destes dois pontos é significativo.

Quanto à missão, há que lembrar que a urgência deriva de sua motivação interna, isto é, trata-se de transmitir uma herança; e, quanto ao método, é decisivo lembrar que uma herança sucede como na passagem do testemunho, do bastão, na corrida de estafeta: não se joga ao ar – e quem consegue apanhá-lo tem sorte, quem não consegue

[10]Cf. Lc 24, 33-35.

[11]Também sobre este aspecto o *Documento de Aparecida* oferece diretrizes importantes (cf. nn. 181-183; 189).

[12]Cf. nº 216.

[13]Cf. nn. 365-372.

fica sem nada. Para transmitir a herança é preciso entregá-la pessoalmente, tocar a pessoa para quem você quer doar, transmitir essa herança.

Quanto à conversão pastoral, quero lembrar que "pastoral" nada mais é que o exercício da maternidade da Igreja. Ela gera, amamenta, faz crescer, corrige, alimenta, conduz pela mão... Por isso, faz falta uma Igreja capaz de redescobrir as entranhas maternas da misericórdia. Sem a misericórdia, poucas possibilidades temos hoje de nos inserir em um mundo de "feridos", que têm necessidade de compreensão, de perdão, de amor.

Na missão, mesmo continental,[14] é muito importante reforçar a família, que permanece célula essencial para a sociedade e para a Igreja; os jovens, que são o rosto futuro da Igreja; as mulheres, que têm um papel fundamental na transmissão da fé e constituem uma força cotidiana que faz evoluir uma sociedade e a renova. Não reduzamos o empenho das mulheres na Igreja; antes, ao contrário, promovamos o seu papel ativo na comunidade eclesial. Se a Igreja perde as mulheres, na sua dimensão global e real, ela corre o risco da esterilidade. Aparecida põe em evidência também a vocação e a missão do homem na família, na Igreja e na sociedade, como pais, trabalhadores e cidadãos.[15] Tenham isso em séria consideração!

A função da Igreja na sociedade

No âmbito da sociedade, há somente uma coisa que a Igreja pede com particular clareza: a liberdade de anunciar o Evangelho de modo integral, mesmo quando ele está em contraste com o mundo, mesmo quando vai contra a corrente, defendendo o tesouro de que é somente guardiã e os valores dos quais não pode livremente dispor, mas que recebeu e em relação aos quais deve manterse fiel.

---

[14]As conclusões da Conferência de Aparecida insistem sobre o rosto de uma Igreja que é, por sua natureza, evangelizadora; que existe para evangelizar, com audácia e liberdade, todos os níveis (cf. nn. 547-554).

[15]Cf. nn. 459-463.

A Igreja afirma o direito de servir o homem na sua totalidade, dizendo-lhe o que Deus revelou sobre o homem e sua realização, e ela deseja tornar presente aquele patrimônio imaterial, sem o qual a sociedade se desintegra, as cidades seriam arrasadas por seus próprios muros, abismos e barreiras. A Igreja tem o direito e o dever de manter acesa a chama da liberdade e da unidade do homem.

Educação, saúde, paz social são as urgências no Brasil. A Igreja tem uma palavra a dizer sobre estes temas, porque, para responder adequadamente a esses desafios, não são suficientes soluções meramente técnicas, mas é preciso ter uma visão subjacente do homem, da sua liberdade, do seu valor, da sua abertura ao transcendente. E vocês, queridos irmãos, não tenham medo de oferecer esta contribuição da Igreja, que é para o bem da sociedade inteira, e de oferecer esta palavra "encarnada" também com o testemunho.

A Amazônia como teste decisivo, banco de prova para a Igreja e a sociedade brasileiras

Há um último ponto sobre o qual gostava de deter-me e que considero relevante para o caminho atual e futuro não só da Igreja no Brasil, mas também de toda a estrutura social: a Amazônia. A Igreja está na Amazônia, não como aqueles que têm as malas na mão para partir depois de terem explorado tudo o que puderam. Desde o início a Igreja está presente na Amazônia, com missionários, congregações religiosas, sacerdotes, leigos e Bispos, e lá continua presente e determinante no futuro daquela área. Penso no acolhimento que a Igreja na Amazônia oferece hoje aos imigrantes haitianos, depois do terrível terremoto que devastou seu país.

Queria convidar todos a refletirem sobre o que Aparecida disse a propósito da Amazônia,[16] incluindo o forte apelo ao respeito e à salvaguarda de toda a criação que Deus confiou ao homem, não para que a explorasse

[16]Cf. em particular os nn. 83-87; e, do ponto de vista de uma pastoral unitária, o nº 475.

rudemente, mas para que a tornasse um jardim. No desafio pastoral que representa a Amazônia, não posso deixar de agradecer o que a Igreja no Brasil está fazendo: a Comissão Episcopal para a Amazônia, criada em 1997, já deu muitos frutos; e tantas dioceses responderam pronta e generosamente ao pedido de solidariedade, enviando missionários, leigos e sacerdotes. Agradeço a dom Jaime Chemelo, pioneiro deste trabalho, e ao Cardeal Hummes, atual presidente da comissão. Mas eu gostava de acrescentar que deveria ser mais incentivada e relançada a obra da Igreja. Fazem falta formadores qualificados, especialmente formadores e professores de teologia, para consolidar os resultados alcançados no campo da formação de um clero autóctone, inclusive para se ter sacerdotes adaptados às condições locais e consolidar por assim dizer o "rosto amazônico" da Igreja. Nisto lhes peço, por favor, para serem corajosos, para terem *parrésia*! No modo *porteño* [de Buenos Aires] de falar, lhes diria para serem destemidos.

Queridos irmãos, procurei oferecer-lhes fraternalmente reflexões e linhas de ação em uma Igreja como a que está no Brasil, que é um grande mosaico de pequeninas pedras, de imagens, de formas, de problemas, de desafios, mas que por isso mesmo é uma enorme riqueza. A Igreja não é jamais uniformidade, mas diversidades que se harmonizam na unidade, e isso é válido em toda a realidade eclesial.

Que a Virgem Imaculada Aparecida seja a estrela que ilumina o compromisso e o caminho de vocês levarem Cristo, como Ela o fez, a cada homem e cada mulher de seu imenso país. Será Ele, como fez com os dois discípulos extraviados e desiludidos de Emaús, a aquecer o coração e a dar nova e segura esperança.

ENTREVISTA À RÁDIO CATEDRAL, DA ARQUIDIOCESE DO RIO DE JANEIRO

Estúdios da Rádio Catedral, Rio de Janeiro
Sábado, 27 de julho de 2013

Bom dia, boa tarde, a todos que estão ouvindo. Agradeço a atenção e agradeço aqui aos integrantes da rádio pela amabilidade por me darem o microfone. Agradeço e estou olhando para o rádio e vejo que, hoje em dia, os meios de comunicação são muito importantes.

Eu diria que, uma rádio católica, hoje em dia, é o púlpito mas próximo que temos de onde podemos anunciar os valores humanos, os valores religiosos e, sobretudo, anunciar a Jesus Cristo, ao Senhor. Dar ao Senhor essa graça de colocá-lo em nossas coisas.

Assim, saúdo a todos e agradeço todo o esforço que faz esta arquidiocese para ter e manter uma rádio que tem uma rede tão grande. A todos que estão me escutando, peço que rezem por mim, que rezem por esta rádio, que rezem pelo bispo, que rezem pela arquidiocese, que todos possamos nos unir na oração e que todos trabalhemos por uma cultura mais humanista, mais repleta de valores e que não deixemos ninguém de fora.

Que todos trabalhemos por esta palavra que hoje em dia não é bem aceita: solidariedade. É uma palavra que procuram deixar de lado, sempre, porque é incômoda. Todavia, é uma palavra que reflete os valores humanos e cristãos que hoje nos pedem para ir contra; da cultura do descartável, de que tudo é descartável.

Uma cultura que sempre deixa as pessoas de fora: deixa à margem as crianças, deixa à margem os jovens, deixa à margem os idosos, deixa para fora os que não servem, os que não produzem, e isso não pode acontecer. Ao contrário, a solidariedade coloca todos dentro. Devem seguir trabalhando por esta cultura da solidariedade e pelo Evangelho.

Perguntado sobre a importância da família, o Papa respondeu:

Não somente diria que a família é importante para a evangelização do novo mundo. A família é importante, é necessária para a sobrevivência da humanidade. Se não existe a família, a sobrevivência cultural da humanidade corre perigo. É a base, gostemos ou não: a família.

DISCURSO NA VIGÍLIA DE ORAÇÃO COM OS JOVENS

Copacabana, Rio de Janeiro
Sábado, 27 de julho de 2013

Queridos jovens,

Contemplando vocês, que hoje estão aqui presentes, me vem à mente a história de São Francisco de Assis. Diante do crucifixo, ele escuta a voz de Jesus que lhe diz: "Francisco, vai e repara a minha casa". E o jovem Francisco responde, com prontidão e generosidade, a esta chamada do Senhor para reparar sua casa. Mas qual casa? Aos poucos, ele percebe que não se tratava de se fazer de pedreiro para reparar um edifício de pedras, mas de dar sua contribuição para a vida da Igreja; era colocar-se a serviço da Igreja, amando-a e trabalhando para que transparecesse nela sempre mais a Face de Cristo.

Também hoje o Senhor continua precisando de vocês, jovens, para a sua Igreja. Queridos jovens, o Senhor precisa de vocês! Ele também chama a cada um de vocês para segui-lo hoje na sua Igreja e ser missionário. Hoje, queridos jovens, o Senhor lhes chama! Não em magote, mas um a um... a cada um. Escutem no coração aquilo que Ele diz a vocês. Penso que podemos aprender algo daquilo que sucedeu nestes dias: por causa do mau tempo, tivemos de suspender a realização desta vigília no *Campus Fidei*, em Guaratiba. Não quererá porventura o Senhor dizer-nos que o verdadeiro *Campus Fidei*, o verdadeiro Campo da Fé não é um lugar geográfico, mas somos nós mesmos? Sim, é verdade! Cada um de nós, cada um de vocês, eu, todos. E ser discípulo missionário significa saber que somos o Campo da Fé de Deus. Ora, partindo da denominação Campo da Fé, pensei em três imagens que podem nos ajudar a entender melhor o que significa ser um discípulo missionário: a primeira imagem, o campo como lugar onde se semeia; a segunda, o campo como lugar de treinamento; e a terceira, o campo como canteiro de obras.

1. Primeiro: *o campo como lugar onde se semeia.* Todos conhecemos a parábola de Jesus sobre um semeador que saiu pelo campo lançando sementes; algumas caem à beira do caminho, em meio às pedras, no meio de espinhos e não conseguem se desenvolver; mas outras caem em terra boa e dão muito fruto.[1] Jesus mesmo explica o sentido da parábola: a semente é a Palavra de Deus que é lançada nos nossos corações.[2] Hoje – todos os dias, mas de forma especial hoje – Jesus semeia. Quando aceitamos a Palavra de Deus, então somos o Campo da Fé! Por favor, deixem que Cristo e sua Palavra entrem na vida de vocês, deixem entrar a semente da Palavra de Deus, deixem que germine, deixem que cresça. Deus faz tudo, mas vocês deixem-no agir, deixem que Ele trabalhe neste crescimento!

Jesus nos diz que as sementes, que caíram à beira do caminho, em meio às pedras e em meio aos espinhos, não deram fruto. Creio que podemos, com honestidade, perguntar-nos: que tipo de terreno somos, que tipo de terreno queremos ser? Quem sabe se, às vezes, somos como o caminho: escutamos o Senhor, mas na nossa vida não muda nada, pois nos deixamos aturdir por tantos apelos superficiais que escutamos. Eu pergunto-lhes, mas agora não respondam, cada um responde no seu coração: sou uma jovem, um jovem desnorteado? Ou somos como o terreno pedregoso: acolhemos Jesus com entusiasmo, mas somos inconstantes; diante das dificuldades, não temos coragem de ir contra a corrente. Cada um de nós responda no seu coração: tenho coragem ou sou um covarde? Ou somos como o terreno com os espinhos: as coisas, as paixões negativas sufocam em nós as palavras do Senhor.[3] Em meu coração, tenho o hábito de jogar em dois

---

[1] Cf. Mt 13,1-9.

[2] Cf. Mt 13,18-23.

[3] Cf. Mt 13, 18-22.

papéis: fazer bela figura com Deus e fazer bela figura com o diabo? O hábito de querer receber a semente de Jesus e, ao mesmo tempo, irrigar os espinhos e as ervas daninhas que nascem no meu coração? Hoje, porém, eu tenho a certeza de que a semente pode cair em terra boa. Nos testemunhos, ouvimos como a semente caiu em terra boa. "Não, Padre, eu não sou terra boa! Sou uma calamidade, estou cheio de pedras, de espinhos, de tudo." Sim, pode suceder que a superfície seja assim, mas você liberte um pedacinho, um bocado de terra boa e deixe que caia lá a semente; e verá como vai germinar. Eu sei que vocês querem ser terreno bom, cristãos de verdade; e não cristãos pela metade, nem cristãos "engomadinhos", cujo cheiro os denuncia pois parecem cristãos mas no fundo, no fundo não fazem nada; nem cristãos de fachada, cristãos que são "pura aparência", mas sim cristãos autênticos. Sei que vocês não querem viver na ilusão de uma liberdade inconsistente, que se deixa arrastar pelas modas e as conveniências do momento. Sei que vocês apostam em algo grande, em escolhas definitivas, que dêem pleno sentido. É assim ou estou enganado? É assim? Bem; se é assim, façamos uma coisa: todos, em silêncio, fixemos o olhar no coração e cada um diga a Jesus que quer receber a semente. Digam a Jesus: vê, Jesus, as pedras que tenho, vê os espinhos, vê as ervas daninhas, mas vê este pedacinho de terra que Te ofereço para que entre a semente. Em silêncio, deixemos entrar a semente de Jesus. Lembrem-se deste momento, cada um sabe o nome da semente que entrou. Deixem-na crescer, e Deus cuidará dela.

2. *O campo... O campo, para além de ser um lugar de sementeira, é lugar de treinamento.* Jesus nos pede que o sigamos por toda a vida, pede que sejamos seus discípulos, que "joguemos no seu time". A maioria de vocês ama os esportes. E aqui no Brasil, como em outros países, o futebol é paixão nacional. Sim ou não? Ora bem, o que faz um jogador quando é convocado para jogar em um time? Deve treinar, e muito! Também é assim a nossa vida de discípulos do Senhor. Descrevendo os cristãos, São Paulo nos diz: "Todo atleta se impõe todo tipo de disciplina.

Eles assim procedem para conseguirem uma coroa corruptível. Quanto a nós, buscamos uma coroa incorruptível!”.[4] Jesus nos oferece algo superior à Copa do Mundo! Algo superior à Copa do Mundo! Jesus oferece-nos a possibilidade de uma vida fecunda, de uma vida feliz e nos oferece também um futuro com Ele que não terá fim, na vida eterna. É o que nos oferece Jesus, mas pede para pagarmos a entrada; e a entrada é que treinemos para estar “em forma”, para enfrentar, sem medo, todas as situações da vida, testemunhando a nossa fé. Através do diálogo com Ele: a oração. Padre, agora vai pôr-nos todos a rezar? Porque não? Pergunto-lhes... mas respondam no seu coração, não em voz alta, mas no silêncio: eu rezo? Cada um responda. Eu falo com Jesus ou tenho medo do silêncio? Deixo que o Espírito Santo fale no meu coração? Eu pergunto a Jesus: que queres que eu faça, que queres da minha vida? Isto é treinar-se. Perguntem a Jesus, falem com Jesus. E se cometerem um erro na vida, se tiverem uma escorregadela, se fizerem qualquer coisa de mal, não tenham medo. Jesus, vê o que eu fiz! Que devo fazer agora? Mas falem sempre com Jesus, no bem e no mal, quando fazem uma coisa boa e quando fazem uma coisa má. Não tenham medo Dele! Esta é a oração. E assim treinam no diálogo com Jesus, neste discipulado missionário! Através dos sacramentos, que fazem crescer em nós a sua presença. Através do amor fraterno, do saber escutar, do compreender, do perdoar, do acolher, do ajudar os demais, qualquer pessoa, sem excluir nem marginalizar ninguém. Queridos jovens, que vocês sejam verdadeiros “atletas de Cristo”!

3. E terceiro: *o campo como canteiro de obras*. Aqui mesmo vimos como se pôde construir uma igreja: indo e vindo, os jovens e as jovens deram o melhor de si e construíram a igreja. Quando o nosso coração é uma terra boa que acolhe a Palavra de Deus, quando “se sua a camisa” procurando viver como cristãos, nós experimentamos algo maravilhoso: nunca estamos sozinhos, fazemos

[4] 1Co 9, 25.

parte de uma família de irmãos que percorrem o mesmo caminho; somos parte da Igreja. Esses jovens, essas jovens não estavam sós, mas, juntos, fizeram um caminho e construíram a Igreja; juntos, realizaram o que fez São Francisco: construir, reparar a Igreja. Eu lhes pergunto: Querem construir a Igreja? [Sim...] Se animam uns aos outros a fazê-lo? [Sim...] E amanhã terão esquecido este "sim" que disseram? [Não...] Assim gosto! Somos parte da Igreja; mais ainda, tornamo-nos construtores da Igreja e protagonistas da história. Jovens, por favor, não se ponham na "cauda" da história. Sejam protagonistas. Joguem ao ataque! Chutem para diante, construam um mundo melhor, um mundo de irmãos, um mundo de justiça, de amor, de paz, de fraternidade, de solidariedade. Joguem sempre ao ataque! São Pedro nos diz que somos pedras vivas que formam um edifício espiritual.[5] E, olhando para este palco, vemos a miniatura de uma igreja, construída com pedras vivas. Na Igreja de Jesus, nós somos as pedras vivas, e Jesus nos pede que construamos a sua Igreja; cada um de nós é uma pedra viva, é um pedacinho da construção e, quando vem a chuva, se faltar aquele pedacinho, temos infiltrações e entra a água na casa. E não construam uma capelinha, onde cabe somente um grupinho de pessoas. Jesus nos pede que a sua Igreja viva seja tão grande que possa acolher toda a humanidade, que seja casa para todos! Ele diz a mim, a você, a cada um: "Ide e fazei discípulos entre todas as nações"! Nesta noite, respondamos-Lhe: sim, Senhor! Também eu quero ser uma pedra viva; juntos queremos edificar a Igreja de Jesus! Eu quero ir e ser construtor da Igreja de Cristo! Atrevem-se a repetir isto? Eu quero ir e ser construtor da Igreja de Cristo! Digam agora... [os jovens repetem]. Depois devem se lembrar que o disseram juntos.

O coração de vocês, coração jovem, quer construir um mundo melhor. Acompanho as notícias do mundo e vejo que muitos jovens, em tantas partes do mundo, saíram pelas estradas para expressar o desejo de uma civilização

[5]Cf. 1Pe 2,5.

mais justa e fraterna. Os jovens nas estradas; são jovens que querem ser protagonistas da mudança. Por favor, não deixem para outros o ser protagonistas da mudança! Vocês são aqueles que tem o futuro! Vocês... Através de vocês, entra o futuro no mundo. Também a vocês, eu peço para serem protagonistas desta mudança. Continuem a vencer a apatia, dando uma resposta cristã às inquietações sociais e políticas que estão surgindo em várias partes do mundo. Peço-lhes para serem construtores do mundo, trabalharem por um mundo melhor. Queridos jovens, por favor, não "olhem da sacada" a vida. Entrem nela. Jesus não ficou na sacada, mergulhou... "Não olhem da sacada" a vida, mergulhem nela, como fez Jesus.

Resta, porém, uma pergunta: por onde começamos? A quem pedimos para iniciar isso? Por onde começamos? Uma vez perguntaram a Madre Teresa de Calcutá o que devia mudar na Igreja; queremos começar, mas por qual parede? Por onde – perguntaram a Madre Teresa – é preciso começar? Por ti e por mim: respondeu ela. Tinha vigor aquela mulher! Sabia por onde começar. Hoje eu roubo a palavra a Madre Teresa e digo também a você: começamos? Por onde? Por ti e por mim! Cada um, de novo em silêncio, se interrogue: se devo começar por mim, por onde principio? Cada um abra o seu coração, para que Jesus lhe diga por onde começar.

Queridos amigos, não se esqueçam: vocês são o Campo da Fé! Vocês são os atletas de Cristo! Vocês são os construtores de uma Igreja mais bela e de um mundo melhor. Elevemos o olhar para Nossa Senhora. Ela nos ajuda a seguir Jesus, nos dá o exemplo com o seu "sim" a Deus: "Eis aqui a serva do Senhor, faça-se em mim segundo a tua Palavra".[6] Também nós o dizemos a Deus, juntos com Maria: faça-se em mim segundo a Tua palavra. Assim seja!

[6]Lc 1,38.

HOMILIA NA SANTA MISSA PARA A 28ª JORNADA MUNDIAL DA JUVENTUDE

Copacabana, Rio de Janeiro
Domingo, 28 de julho de 2013

Amados irmãos e irmãs,
Queridos jovens!

"Ide e fazei discípulos entre todas as nações." Com estas palavras, Jesus se dirige a cada um de vocês, dizendo: "Foi bom participar nesta Jornada Mundial da Juventude, vivenciar a fé junto com jovens vindos dos quatro cantos da Terra, mas agora você deve ir e transmitir esta experiência aos demais". Jesus lhe chama a ser um discípulo em missão! Hoje, à luz da Palavra de Deus que acabamos de ouvir, o que nos diz o Senhor? Que nos diz o Senhor? Três palavras: *Ide*, *sem medo*, *para servir*.

1. *Ide*. Durante estes dias, aqui no Rio, vocês puderam fazer a bela experiência de encontrar Jesus e de encontrá-lo juntos, sentindo a alegria da fé. Mas a experiência deste encontro não pode ficar trancafiada na vida de vocês ou no pequeno grupo da paróquia, do movimento, da comunidade de vocês. Seria como cortar o oxigênio a uma chama que arde. A fé é uma chama que se faz tanto mais viva quanto mais é partilhada, transmitida, para que todos possam conhecer, amar e professar que Jesus Cristo é o Senhor da vida e da história.[1]

Mas, atenção! Jesus não disse: se vocês quiserem, se tiverem tempo, vão; mas disse: "Ide e fazei discípulos entre todas as nações". Partilhar a experiência da fé, testemunhar a fé, anunciar o Evangelho é o mandato que o Senhor confia a toda a Igreja, também a você. É uma ordem, sim; mas não nasce da vontade de domínio, da

[1]Cf. Rm 10,9.

vontade de poder. Nasce da força do amor, do fato que Jesus foi quem veio primeiro para junto de nós e não nos deu somente um pouco de Si, mas se deu por inteiro. Ele deu a Sua vida para nos salvar e mostrar o amor e a misericórdia de Deus. Jesus não nos trata como escravos, mas como pessoas livres, como amigos, como irmãos; e não somente nos envia, mas nos acompanha, está sempre junto de nós nesta missão de amor.

Para onde Jesus nos manda? Não há fronteiras, não há limites: envia-nos para todas as pessoas. O Evangelho é para todos, e não apenas para alguns. Não é apenas para aqueles que parecem a nós mais próximos, mais abertos, mais acolhedores. É para todas as pessoas. Não tenham medo de ir e levar Cristo para todos os ambientes, até as periferias existenciais, incluindo quem parece mais distante, mais indiferente. O Senhor procura a todos, quer que todos sintam o calor da sua misericórdia e do seu amor.

De forma especial, queria que este mandato de Cristo – "Ide" – ressoasse em vocês, jovens da Igreja na América Latina, comprometidos com a missão continental promovida pelos Bispos. O Brasil, a América Latina, o mundo precisa de Cristo! Paulo exclama: "Ai de mim se eu não pregar o evangelho!".[2] Este continente recebeu o anúncio do Evangelho, que marcou o seu caminho e produziu muito fruto. Agora este anúncio é confiado também a vocês, para que ressoe com uma força renovada. A Igreja precisa de vocês, do entusiasmo, da criatividade e da alegria que lhes caracterizam! Um grande apóstolo do Brasil, o Bem-aventurado José de Anchieta, partiu em missão quando tinha apenas dezenove anos! Sabem qual é o melhor instrumento para evangelizar os jovens? Outro jovem! Este é o caminho a ser percorrido por vocês!

2. *Sem medo.* Alguém poderia pensar: "Eu não tenho nenhuma preparação especial, como é que posso ir e anunciar o Evangelho?". Querido amigo, esse seu temor não é muito diferente do sentimento que teve Jeremias –

[2] 1Co 9,16.

acabamos de ouvi-lo na leitura – quando foi chamado por Deus para ser profeta: "Ah! Senhor Deus, eu não sei falar, sou muito novo". Deus responde a vocês com as mesmas palavras dirigidas a Jeremias: "Não tenhas medo... pois estou contigo para defender-te".[3] Deus está conosco!

"Não tenham medo!" Quando vamos anunciar Cristo, Ele mesmo vai à nossa frente e nos guia. Ao enviar os seus discípulos em missão, Jesus prometeu: "Eu estou com vocês todos os dias".[4] E isto é verdade também para nós! Jesus nunca deixa ninguém sozinho! Sempre nos acompanha.

Além disso, Jesus não disse: "Vai", mas "Ide": somos enviados em grupo. Queridos jovens, sintam a companhia de toda a Igreja e também a comunhão dos Santos nesta missão. Quando enfrentamos juntos os desafios, então somos fortes, descobrimos recursos que não sabíamos que tínhamos. Jesus não chamou os apóstolos para que vivessem isolados; chamou-os para que formassem um grupo, uma comunidade.

Queria dar uma palavra também a vocês, queridos sacerdotes, que concelebram comigo esta Eucaristia: vocês vieram acompanhando os seus jovens, e é uma coisa bela partilhar esta experiência de fé! Certamente isso lhes rejuvenesceu a todos. O jovem nos contagia com a sua juventude. Mas esta é apenas uma etapa do caminho. Por favor, continuem acompanhando os jovens com generosidade e alegria, ajudem-lhes a se comprometer ativamente na Igreja; que eles nunca se sintam sozinhos! E aqui desejo agradecer cordialmente aos grupos de pastoral juvenil, aos movimentos e novas comunidades que acompanham os jovens na sua experiência de serem Igreja, tão criativos e tão audazes. Sigam em frente e não tenham medo!

3. A última palavra: *para servir.* No início do salmo proclamado, escutamos estas palavras: "Cantai ao Senhor

---

[3] Jr 1,8.

[4] Mt 28,20.

Deus um canto novo".[5] Qual é este canto novo? Não são palavras, nem uma melodia, mas é o canto da nossa vida, é deixar que a nossa vida se identifique com a vida de Jesus, é ter os seus sentimentos, os seus pensamentos, as suas ações. E a vida de Jesus é uma vida para os demais, a vida de Jesus é uma vida para os demais. É uma vida de serviço.

São Paulo, na leitura que ouvimos há pouco, dizia: "Eu me tornei escravo de todos, a fim de ganhar o maior número possível".[6] Para anunciar Jesus, Paulo fez-se "escravo de todos". Evangelizar significa testemunhar pessoalmente o amor de Deus, significa superar os nossos egoísmos, significa servir, inclinando-nos para lavar os pés dos nossos irmãos, tal como fez Jesus.

Três palavras: *Ide*, *sem medo*, *para servir*. *Ide*, *sem medo*, *para servir*. Seguindo estas três palavras, vocês experimentarão que quem evangeliza é evangelizado, quem transmite a alegria da fé recebe mais alegria. Queridos jovens, regressando às suas casas, não tenham medo de ser generosos com Cristo, de testemunhar o seu Evangelho. Na primeira leitura, quando Deus envia o profeta Jeremias, lhe dá o poder de "extirpar e destruir, devastar e derrubar, construir e plantar".[7] E assim é também para vocês. Levar o Evangelho é levar a força de Deus, para extirpar e destruir o mal e a violência; para devastar e derrubar as barreiras do egoísmo, da intolerância e do ódio; para construir um mundo novo. Queridos jovens, Jesus Cristo conta com vocês! A Igreja conta com vocês! O Papa conta com vocês! Que Maria, Mãe de Jesus e nossa Mãe, lhes acompanhe sempre com a sua ternura: "Ide e fazei discípulos entre todas as nações". Amém.

---

[5] Sl 95, 1.

[6] 1Cor 9, 19.

[7] Jr 1,10.

ALOCUÇÃO NA HORA DA AVE-MARIA (ANGELUS)

Copacabana, Rio de Janeiro
Domingo, 28 de julho de 2013

Amados irmãos e irmãs!

No término desta Celebração Eucarística, com a qual elevamos a Deus o nosso canto de louvor e gratidão por todas as graças recebidas durante esta Jornada Mundial da Juventude, quero ainda agradecer a dom Orani Tempesta e ao Cardeal Ryłko as palavras que me dirigiram. Agradeço também a vocês, queridos jovens, por todas as alegrias que me deram nestes dias. Obrigado! Levo vocês no meu coração!

Dirijamos agora o nosso olhar à Mãe do Céu, a Virgem Maria. Nestes dias, Jesus lhes repetiu com insistência o convite para serem seus discípulos-missionários; vocês escutaram a voz do Bom Pastor que lhes chamou pelo nome e vocês reconheceram a voz que lhes chamava.[1] Não é verdade que, nesta voz que ressoou nos seus corações, vocês sentiram a ternura do amor de Deus? Não é verdade que vocês experimentaram a beleza de seguir a Cristo, juntos, na Igreja? Não é verdade que vocês compreenderam melhor que o Evangelho é a resposta ao desejo de uma vida ainda mais plena?[2] É verdade?

A Virgem Imaculada intercede por nós no Céu como uma boa mãe que guarda os seus filhos. Maria nos ensina, com a sua existência, o que significa ser discípulo missionário. Cada vez que rezamos o *Angelus*, recordamos

---

[1]Cf. Jo 10, 4.

[2]Cf. Jo 10, 10.

o acontecimento que mudou para sempre a história dos homens. Quando o anjo Gabriel anunciou a Maria que se tornaria a Mãe de Jesus, do Salvador, Ela – mesmo sem compreender todo o significado daquele chamado – confiou em Deus e respondeu: "Eis aqui a serva do Senhor, faça-se em mim segundo a tua palavra".[3] Mas, o que fez Maria logo em seguida? Após ter recebido a graça de ser a Mãe do Verbo encarnado, não guardou para si aquele presente; sentiu-se responsável e partiu, saiu da sua casa e foi, apressadamente, visitar a sua parente Isabel, que precisava de ajuda;[4] cumpriu um gesto de amor, de caridade e de serviço concreto, levando Jesus que trazia no ventre. E se apressou a fazer este gesto!

Eis aqui, queridos amigos, o nosso modelo. Aquela que recebeu o dom mais precioso de Deus, como primeiro gesto de resposta, põe-se a caminho para servir e levar Jesus. Peçamos a Nossa Senhora que também nos ajude a transmitir a alegria de Cristo aos nossos familiares, aos nossos companheiros, aos nossos amigos, a todas as pessoas. Nunca tenham medo de ser generosos com Cristo! Vale a pena! Sair e ir com coragem e generosidade, para que cada homem e cada mulher possa encontrar o Senhor.

Queridos jovens, temos encontro marcado na próxima Jornada Mundial da Juventude, no ano de 2016, em Cracóvia, na Polônia. Pela intercessão materna de Maria, peçamos a luz do Espírito Santo sobre o caminho que nos levará a esta nova etapa de jubilosa celebração da fé e do amor de Cristo.

Rezemos agora juntos... [oração do *Angelus*]

---

[3] Lc 1, 38.

[4] Cf. Lc 1, 38-39.

DISCURSO AOS BISPOS RESPONSÁVEIS PELO CONSELHO EPISCOPAL LATINO-AMERICANO (CELAM), POR OCASIÃO DA REUNIÃO GERAL DE COORDENAÇÃO

Auditório do Centro de Estudos do Sumaré, Rio de Janeiro, domingo, 28 de julho de 2013

Introdução

Agradeço ao Senhor por esta oportunidade de poder falar com vocês, Irmãos Bispos responsáveis do Celam no quadriênio 2011-2015. Há 57 anos que o Celam serve às 22 Conferências Episcopais da América Latina e do Caribe, colaborando solidária e subsidiariamente para promover, incentivar e dinamizar a colegialidade episcopal e a comunhão entre as Igrejas da região e seus pastores.

Como vocês, também eu sou testemunha do forte impulso do Espírito na V Conferência Geral do Episcopado da América Latina e do Caribe, em Aparecida, no mês de maio de 2007, que continua animando os trabalhos do Celam para a anelada renovação das Igrejas particulares. Em boa parte delas, essa renovação já está em andamento. Gostaria de centrar esta conversação no patrimônio herdado daquele encontro fraterno e que todos batizamos como Missão Continental.

2. *Características peculiares de Aparecida*

Existem quatro características típicas da referida V Conferência. Constituem como que quatro colunas do desenvolvimento de Aparecida que lhe dão a sua originalidade.

2.1) *Início sem documento*

Medelín, Puebla e Santo Domingo começaram os seus trabalhos com um caminho preparatório que culminou em uma espécie de *Instrumentum laboris*, com base no qual se desenrolou a discussão, a reflexão e a aprovação do documento final. Em vez disso, Aparecida promoveu a participação das Igrejas particulares como caminho de preparação que culminou em um documento de síntese. Este documento, embora tenha sido ponto de referência durante a V Conferência Geral, não foi assumido como documento de partida. O trabalho inicial foi pôr em comum as preocupações dos pastores perante a mudança de época e a necessidade de renovar a vida de discipulado e missionária com que Cristo fundou a Igreja.

2.2) *Ambiente de oração com o Povo de Deus*

É importante lembrar o ambiente de oração gerado pela partilha diária da Eucaristia e de outros momentos litúrgicos, tendo sido sempre acompanhados pelo Povo de Deus. Além disso, realizando-se os trabalhos na cripta do Santuário, a "música de fundo" que os acompanhava era constituída pelos cânticos e as orações dos fiéis.

2.3) *Documento que se prolonga em compromisso, com a Missão Continental*

Neste contexto de oração e vivência de fé, surgiu o desejo de um novo Pentecostes para a Igreja e o compromisso da Missão Continental. Aparecida não termina com um documento, mas prolonga-se na Missão Continental.

2.4) *A presença de Nossa Senhora, Mãe da América*

É a primeira Conferência do Episcopado da América Latina e do Caribe que se realiza em um Santuário mariano.

3. *Dimensões da Missão Continental*

A Missão Continental está projetada em duas dimensões: programática e paradigmática. A missão programática, como o próprio nome indica, consiste na realização de atos de índole missionária. A missão paradigmática, por sua vez, implica colocar em chave missionária a atividade habitual das Igrejas particulares. Em conseqüência disso, evidentemente, verifica-se toda uma dinâmica de reforma das estruturas eclesiais. A "mudança de estruturas" (de caducas a novas) não é fruto de um estudo de organização do sistema funcional eclesiástico, de que resultaria uma reorganização estática, mas é conseqüência da dinâmica da missão. O que derruba as estruturas caducas, o que leva a mudar os corações dos cristãos é justamente a missionariedade. Daqui a importância da missão paradigmática.

A Missão Continental, tanto programática como paradigmática, exige gerar a consciência de uma Igreja que se organiza para servir a todos os batizados e homens de boa vontade. O discípulo de Cristo não é uma pessoa isolada em uma espiritualidade intimista, mas uma pessoa em comunidade para se dar aos outros. Portanto, a Missão Continental implica pertença eclesial.[1]

Uma posição como esta, que começa pelo discipulado missionário e implica entender a identidade do cristão como pertença eclesial, pede que explicitemos quais são os desafios vigentes da missionariedade discipular. Limito-me a assinalar dois: a renovação interna da Igreja e o diálogo com o mundo atual.

Renovação interna da Igreja

Aparecida propôs como necessária a Conversão Pastoral. Esta conversão implica acreditar na Boa Nova, acreditar em Jesus Cristo portador do Reino de Deus, em sua irrupção no mundo, em sua presença vitoriosa sobre o mal; acreditar na assistência e guia do Espírito Santo; acreditar na Igreja, Corpo de Cristo e prolongamento do dinamismo da Encarnação.

[1] "A Igreja é em Cristo *como que um sacramento*, isto é, sinal e instrumento da união íntima com Deus e da unidade de todo o gênero humano, pretende ela, na seqüência dos anteriores Concílios, pôr de manifesto com maior insistência, aos fiéis e a todo o mundo, a sua natureza e missão universal. [...] Assim como os membros do corpo humano, apesar de serem muitos, formam um corpo único, assim também os fiéis, em Cristo (cf. 1Cor 12,12). Também na edificação do corpo de Cristo há diversidade de membros e de funções. Único é o Espírito que, para bem da Igreja, distribui os seus vários dons conforme suas riquezas e a necessidade de cada ministério (cf. 1Cor 12,1-11)", Constituição Dogmática *Lumen Gentium*, Cap. I, nn. 1 e 7 – NE.

Neste sentido, é necessário que nos interroguemos, como pastores, sobre o andamento das Igrejas a que presidimos. Estas perguntas servem de guia para examinar o estado das dioceses quanto à adoção do espírito de Aparecida, e são perguntas que é conveniente pôr-nos, muitas vezes, como exame de consciência:

3.1. Procuramos que o nosso trabalho e o de nossos presbíteros seja mais pastoral que administrativo? Quem é o principal beneficiário do trabalho eclesial, a Igreja como organização ou o Povo de Deus na sua totalidade?

3.2. Superamos a tentação de tratar de forma reativa os problemas complexos que surgem? Criamos um hábito proativo? Promovemos espaços e ocasiões para manifestar a misericórdia de Deus? Estamos conscientes da responsabilidade de repensar as atitudes pastorais e o funcionamento das estruturas eclesiais, buscando o bem dos fiéis e da sociedade?

3.3. Na prática, fazemos os fiéis leigos participantes da Missão? Oferecemos a Palavra de Deus e os Sacramentos com consciência e convicção claras de que o Espírito se manifesta neles?

3.4. Temos como critério habitual o discernimento pastoral, servindo-nos dos Conselhos Diocesanos? Tanto estes como os conselhos paroquiais de Pastoral e de Assuntos Econômicos são espaços reais para a participação laical na consulta, organização e planejamento pastoral? O bom funcionamento dos conselhos é determinante. Acho que estamos muito atrasados nisso.

3.5. Nós, Pastores Bispos e Presbíteros, temos consciência e convicção da missão dos fiéis e lhes damos a liberdade para irem discernindo, de acordo com o seu caminho de discípulos, a missão que o Senhor lhes confia? Apoiamo-los e acompanhamos, superando qualquer tentação de manipulação ou indevida submissão? Estamos sempre abertos para nos deixarmos interpelar pela busca do bem da Igreja e pela sua missão no mundo?

3.6. Os agentes de pastoral e os fiéis em geral sentem-se parte da Igreja, identificam-se com ela e aproximam-na dos batizados indiferentes e afastados?

Como se pode ver, aqui estão em jogo atitudes. A Conversão Pastoral diz respeito, principalmente, às atitudes e a uma reforma de vida. Uma mudança de atitudes é necessariamente dinâmica: "entra em processo" e só é possível moderá-lo acompanhando-o e discernindo-o. É importante ter sempre presente que a bússola, para não se perder nesse caminho, é a identidade católica concebida como pertença eclesial.

Diálogo com o mundo atual

Faz-nos bem lembrar estas palavras do Concílio Vaticano II: as alegrias e as esperanças, as tristezas e as angústias dos homens do nosso tempo, sobretudo dos pobres e atribulados, são também alegrias e esperanças, tristezas e angústias dos discípulos de Cristo.[2] Aqui reside o fundamento do diálogo com o mundo atual.

A resposta às questões existenciais do homem de hoje, especialmente das novas gerações, prestando atenção à sua linguagem, implica uma mudança fecunda que devemos realizar com a ajuda do Evangelho, do Magistério e da Doutrina Social da Igreja. Os cenários e areópagos são os mais variados. Por exemplo, em uma mesma cidade, existem vários imaginários coletivos que configuram "diferentes cidades". Se continuarmos apenas com os parâmetros da "cultura de sempre", fundamentalmente uma cultura de base rural, o resultado acabará anulando a força do Espírito Santo. Deus está em toda a parte: há que saber descobri-lo para poder anunciá-lo no idioma dessa cultura; e cada realidade, cada idioma tem um ritmo diferente.

4. *Algumas tentações contra o discipulado missionário*

A opção pela missionariedade do discípulo sofrerá tentações. É importante saber compreender a estratégia

[2]Cf. Constituição Pastoral *Gaudium et Spes*, Papa Paulo VI, 7 de dezembro de 1965.

do espírito mau, para nos ajudar no discernimento. Não se trata de sair para expulsar demônios, mas simplesmente de lucidez e prudência evangélicas. Limito-me a mencionar algumas atitudes que configuram uma Igreja "tentada". Trata-se de conhecer determinadas propostas atuais que podem mimetizar-se na dinâmica do discipulado missionário e deter, até fazê-lo fracassar, o processo de Conversão Pastoral:

4.1. *A ideologização da mensagem evangélica* – É uma tentação que se verificou na Igreja desde o início: procurar uma hermenêutica de interpretação evangélica fora da própria mensagem do Evangelho e fora da Igreja. Um exemplo: a dado momento, Aparecida sofreu essa tentação sob a forma de "assepsia". Foi usado, e está bem, o método de "ver, julgar, agir".[3] A tentação se encontraria em optar por um "ver" totalmente asséptico, um "ver" neutro, o que não é viável. O ver é sempre influenciado pelo olhar. Não há uma hermenêutica asséptica. Então a pergunta era: com que olhar vamos ver a realidade? Aparecida respondeu: com o olhar de discípulo. Assim se entendem os números 20 a 32. Existem outras maneiras de ideologização da mensagem e, atualmente, aparecem na América Latina e no Caribe propostas dessa índole. Menciono apenas algumas:

a) *O reducionismo socializante* – É a ideologização mais fácil de descobrir. Em alguns momentos, foi muito forte. Trata-se de uma pretensão interpretativa com base em uma hermenêutica de acordo com as Ciências Sociais. Engloba os campos mais variados, desde o liberalismo de mercado até às categorizações marxistas.

b) *A ideologização psicológica* – Trata-se de uma hermenêutica elitista que, em última análise, reduz o "encontro com Jesus Cristo" e seu sucessivo desenvolvimento a uma dinâmica de autoconhecimento. Costuma verificar-se principalmente em cursos de espiritualidade, retiros espirituais, etc. Acaba por resultar numa posição imanente

[3] Cf. nº 19.

auto-referencial. Não tem sabor de transcendência, nem portanto de missionariedade.

c) *A proposta gnóstica* – Muito ligada à tentação anterior. Costuma ocorrer em grupos de elites com uma proposta de espiritualidade superior,[4] bastante desencarnada, que acaba por desembocar em posições pastorais de *quaestiones disputatae*. Foi o primeiro desvio da comunidade primitiva e reaparece, ao longo da história da Igreja, em edições revistas e corrigidas. Vulgarmente são denominados "católicos ilustrados" (por serem atualmente herdeiros da cultura iluminista).[5]

d) *A proposta pelagiana*[6] – Aparece fundamentalmente sob a forma de restauração. Perante os males da Igreja, busca-se uma solução apenas disciplinar, na restauração de condutas e formas superadas que nem mesmo culturalmente tem capacidade de ser significativas. Na América Latina, verifica-se em pequenos grupos, em algumas novas congregações religiosas, em tendências exageradas para a "segurança" doutrinal ou disciplinar. Fundamentalmente é estática, embora possa prometer uma dinâmica *ad intra*: regride. Procura "recuperar" o passado perdido.[7]

---

[4]Sobre o tema, há um interessante documento do Conselho Pontifício para o Diálogo Inter-Religioso, onde se analisa, em pormenor, as mais novas e enganadoras alternativas religiosas que, baseadas numa *proposta gnóstica*, propõem uma nova doutrina sobre Deus, totalmente incompatível com a Fé cristã: *Jesus Cristo, portador da água da vida: uma reflexão cristã sobre a Nova Era*, fevereiro de 2003 – NE.

[5]No pronunciamento, o Santo Padre fez um breve comentário acerca do tema, dizendo estar "caracterizando algumas idéias para que melhor se fizesse entender", mas que não consta no texto original divulgado pelo Vaticano, embora esteja disponível na gravação: "[Esses católicos ilustrados propõem] que se casem os padres, que se ordenem as monjas, que se dê a comunhão aos divorciados" – NE.

[6]O pelagianismo foi uma heresia defendida pelo monge bretão Pelágio; afirmava que os atributos naturais do homem eram suficientes para a salvação da alma, negando, assim, a necessidade da graça sobrenatural. Foi combatida por Santo Agostinho e por São Jerônimo, sendo condenada no Concílio de Éfeso (431) – NE.

[7]Outro comentário do Santo Padre que não consta no texto final: [sobre os que defendem uma proposta pelagiana]: "A mim, me assustam! [...] no seu primeiro ano de pontificado, Bento XVI teve que enfrentar um caso de um

4.2. *O funcionalismo* – A sua ação na Igreja é paralisante. Mais do que com a rota, se entusiasma com o "roteiro". A concepção funcionalista não tolera o mistério, aposta na eficácia. Reduz a realidade da Igreja à estrutura de uma ONG. O que vale é o resultado palpável e as estatísticas. A partir disso, chega-se a todas as modalidades empresariais de Igreja. Constitui uma espécie de "teologia da prosperidade" no aspeto organizativo da pastoral.

4.3. *O clericalismo* – é também uma tentação muito atual na América Latina. Curiosamente, na maioria dos casos, trata-se de uma cumplicidade pecadora: o pároco clericaliza e o leigo lhe pede por favor que o clericalize, porque, no fundo, lhe resulta mais cômodo. O fenômeno do clericalismo explica, em grande parte, a falta de maturidade e de liberdade cristã em parte do laicato da América Latina: ou não cresce (a maioria), ou se comprime sob coberturas de ideologizações como as indicadas, ou ainda em pertenças parciais e limitadas. Em nossas terras, existe uma forma de liberdade laical através de experiências de povo: o católico como povo. Aqui se vê uma maior autonomia, geralmente sadia, que se expressa fundamentalmente na piedade popular. O capítulo de Aparecida sobre a piedade popular descreve, em profundidade, essa dimensão. A proposta dos grupos bíblicos, das comunidades eclesiais de base e dos Conselhos pastorais se colocam na linha de superação do clericalismo e de um crescimento da responsabilidade laical.

Poderíamos continuar descrevendo outras tentações contra o discipulado missionário, mas acho que estas são as mais importantes e com maior força neste momento da América Latina e do Caribe.

5. *Alguns critérios eclesiológicos*

5.1. O discipulado-missionário que Aparecida propôs às Igrejas da América Latina e do Caribe é o caminho que

fundador de um movimento deste tipo", que dizia que "a Igreja como está agora, deve se deixar fracassar sozinha, para que eles venham salvá-la" (uma provável referência a Marcial Maciel Degollado, fundador do Legionários de Cristo) – NE.

Deus quer para "hoje". Toda a projeção utópica (para o futuro) ou restauracionista (para o passado) não é do espírito bom. Deus é real e se manifesta no "hoje". A sua presença, no passado, se nos oferece como "memória" da grande obra da salvação realizada quer em seu povo quer em cada um de nós; no futuro, se nos oferece como "promessa" e esperança. No passado, Deus esteve presente e deixou sua marca: a memória nos ajuda a encontrá-lo; no futuro, é apenas promessa... e não está nos mil e um "futuríveis". O "hoje" é o que mais se parece com a eternidade; mais ainda: o "hoje" é uma centelha de eternidade. No "hoje", se joga a vida eterna.[8]

O discipulado missionário é vocação: chamada e convite. Acontece em um "hoje", mas "em tensão". Não existe o discipulado missionário estático. O discípulo missionário não pode possuir-se a si mesmo; a sua imanência está em tensão para a transcendência do discipulado e para a transcendência da missão. Não admite a auto-referencialidade: ou refere-se a Jesus Cristo ou refere-se às pessoas a quem deve levar o anúncio dele. Sujeito que se transcende. Sujeito projetado para o encontro: o encontro com o Mestre (que nos unge discípulos) e o encontro com os homens que esperam o anúncio.

Por isso, gosto de dizer que a posição do discípulo missionário não é uma posição de centro, mas de periferias: vive em tensão para as periferias... incluindo as da eternidade no encontro com Jesus Cristo. No anúncio evangélico, falar de "periferias existenciais" descentraliza e, habitualmente, temos medo de sair do centro. O discípulo-missionário é um "descentrado": o centro é Jesus Cristo, que convoca e envia. O discípulo é enviado para as periferias existenciais.

[8]O Antigo Testamento traz consigo uma fortíssima dimensão temporal: a de memória salvífica que se baseia na intervenção de Deus no futuro. Mas com a encarnação do Verbo, essa dimensão temporal se cumpre; a plenitude dos tempos e as promessas de Deus foram cumpridas com o advento de Nosso Senhor Jesus Cristo. Vivemos, então, a hora decisiva; e todo o momento é oportuno para responder ao chamado de Deus; todo o momento presente é oportuno para a salvação – NE.

5.2. A Igreja é instituição, mas, quando se erige em "centro", se funcionaliza e, pouco a pouco, se transforma em uma ONG. Então, a Igreja pretende ter luz própria e deixa de ser aquele *mysterium lunae* de que nos falavam os Santos Padres. Torna-se cada vez mais auto-referencial, e se enfraquece a sua necessidade de ser missionária. De "Instituição" se transforma em "Obra". Deixa de ser Esposa, para acabar sendo Administradora; de Servidora se transforma em "Controladora". Aparecida quer uma Igreja Esposa, Mãe, Servidora, mais facilitadora da fé que controladora da fé.

5.3. Em Aparecida, verificam-se de forma relevante duas categorias pastorais, que surgem da própria originalidade do Evangelho e nos podem também servir de critério para avaliar o modo como vivemos eclesialmente o discipulado missionário: a proximidade e o encontro. Nenhuma das duas é nova, mas constituem a modalidade em que Deus se revelou na história. É o "Deus próximo" do seu povo, proximidade que atinge o ponto máximo na encarnação. É o Deus que sai ao encontro do seu povo. Na América Latina e no Caribe, existem pastorais "distantes", pastorais disciplinares que privilegiam os princípios, as condutas, os procedimentos organizacionais... obviamente sem proximidade, sem ternura, nem carinho. Ignora-se a "revolução da ternura", que provocou a encarnação do Verbo. Há pastorais estruturadas com tal dose de distância que são incapazes de atingir o encontro: encontro com Jesus Cristo, encontro com os irmãos. Deste tipo de pastoral podemos, no máximo, esperar uma dimensão de proselitismo, mas nunca levam a alcançar a inserção nem a pertença eclesiais. A proximidade cria comunhão e pertença, torna possível o encontro. A proximidade toma forma de diálogo e cria uma cultura do encontro. Uma pedra de toque para aferir a proximidade e a capacidade de encontro de uma pastoral é a homilia. Como são as nossas homilias? Estão próximas do exemplo de Nosso Senhor, que "falava como quem tem autoridade", ou são meramente perceptivas, distantes, abstratas?

5.4. Quem guia a pastoral, a Missão Continental (seja programática seja paradigmática), é o Bispo. Ele deve guiar, que não é o mesmo que dominar. Além de assinalar as grandes figuras do episcopado latino-americano que todos nós conhecemos, desejo acrescentar aqui algumas linhas sobre o perfil do Bispo, que já disse aos Núncios na reunião que tivemos em Roma. Os Bispos devem ser Pastores, próximos das pessoas, pais e irmãos, com grande mansidão: pacientes e misericordiosos. Homens que amem a pobreza, quer a pobreza interior como liberdade diante do Senhor, quer a pobreza exterior como simplicidade e austeridade de vida. Homens que não tenham "psicologia de príncipes". Homens que não sejam ambiciosos e que sejam esposos de uma Igreja sem viver na expectativa de outra.[9] Homens capazes de vigiar sobre o rebanho que lhes foi confiado e cuidando de tudo aquilo que o mantém unido: vigiar sobre o seu povo, atento a eventuais perigos que o ameacem, mas sobretudo para fazer crescer a esperança: que haja sol e luz nos corações. Homens capazes de sustentar com amor e paciência os passos de Deus em seu povo. E o lugar do Bispo para estar com o seu povo é triplo: ou à frente para indicar o caminho, ou no meio para mantê-lo unido e neutralizar as debandadas, ou então atrás para evitar que alguém se atrase mas também, e fundamentalmente, porque o próprio rebanho tem o seu faro para encontrar novos caminhos.

Não quero juntar mais detalhes sobre a pessoa do Bispo, mas simplesmente acrescentar, incluindo-me a mim mesmo nesta afirmação, que estamos um pouco atrasados no que refere-se à Conversão Pastoral. Convém que nos ajudemos um pouco mais a dar os passos que o Senhor quer que cumpramos neste "hoje" da América Latina e do Caribe. E seria bom começar daqui.

---

[9]Outro comentário do Santo Padre, à parte do texto: "É o fenômeno dos bispos polígamos, que estão casados esperando quando virá uma promoção"; uma referência a uma espécie de 'carreirismo', quando, por exemplo, um bispo está numa diocese, mas, por algum motivo, ambiciona outra; ou ainda quando pretende uma ascensão na hierarquia eclesial – NE.

Agradeço-lhes a paciência de me terem escutado. Desculpem a desordem do discurso e lhes peço, por favor, para tomarmos a sério a nossa vocação de servidores do povo santo e fiel de Deus, porque é nisso mesmo que se exerce e mostra a autoridade: na capacidade de serviço.[10]

Muito obrigado!

[10] O Santo Padre, após o término do seu discurso, expressou: "Pastoral é o exercício da maternidade da Igreja. Pastoral é que a Igreja seja mãe. Ponto!" – NE.

DISCURSO NO ENCONTRO COM OS VOLUNTÁRIOS DA JORNADA

Pavilhão 5 do Rio Centro, Rio de Janeiro
Domingo, 28 de julho de 2013

Queridos voluntários, boa tarde!

Não podia regressar a Roma sem antes agradecer, de modo pessoal e afetuoso, a cada um de vocês pelo trabalho e dedicação com que acompanharam, ajudaram, serviram aos milhares de jovens peregrinos; pelos inúmeros pequenos detalhes que fizeram desta Jornada Mundial da Juventude uma experiência inesquecível de fé. Com os sorrisos de cada um de vocês, com a gentileza, com a disponibilidade ao serviço, vocês provaram que "há maior alegria em dar do que em receber".[1]

O serviço que vocês realizaram nestes dias me lembrou da missão de São João Batista, que preparou o caminho para Jesus. Cada um, a seu modo, foi um instrumento para que milhares de jovens tivessem o "caminho preparado" para encontrar Jesus. E esse é o serviço mais bonito que podemos realizar como discípulos missionários: preparar o caminho para que todos possam conhecer, encontrar e amar o Senhor. A vocês que, neste período, responderam com tanta prontidão e generosidade ao chamado para ser voluntários na Jornada Mundial, queria dizer: sejam sempre generosos com Deus e com os demais. Não se perde nada; ao contrário, é grande a riqueza da vida que se recebe!

Deus chama para escolhas definitivas, Ele tem um projeto para cada um: descobri-lo, responder à própria vocação é caminhar para a realização feliz de si mesmo. A todos Deus nos chama à santidade, a viver a Sua vida,

---

[1] At 20,35.

mas tem um caminho para cada um. Alguns são chamados a se santificar constituindo uma família através do sacramento do matrimônio. Há quem diga que hoje o casamento está "fora de moda". Está fora de moda? [Todos respondem: Não!]. Na cultura do provisório, do relativo, muitos pregam que o importante é "curtir" o momento, que não vale a pena comprometer-se por toda a vida, fazer escolhas definitivas, "para sempre", uma vez que não se sabe o que reserva o amanhã. Em vista disso eu peço que vocês sejam revolucionários, eu peço para vocês irem contra a corrente; sim, nisto peço que se rebelem: que se rebelem contra esta cultura do provisório que, no fundo, crê que vocês não são capazes de assumir responsabilidades, crê que vocês não são capazes de amar de verdade. Eu tenho confiança em vocês, jovens, e rezo por vocês. Tenham a coragem de "ir contra a corrente". E tenham também a coragem de ser felizes!

O Senhor chama alguns ao sacerdócio, a se doar a Ele de modo mais total, para amar a todos com o coração do Bom Pastor. A outros, chama para servir os demais na vida religiosa: nos mosteiros, dedicando-se à oração pelo bem do mundo, nos vários setores do apostolado, gastando-se por todos, especialmente os mais necessitados. Nunca me esquecerei daquele 21 de setembro – eu tinha 17 anos – quando, depois de passar pela igreja de San José de Flores para me confessar, senti pela primeira vez que Deus me chamava. Não tenham medo daquilo que Deus lhes pede! Vale a pena dizer "sim" a Deus. Nele está a alegria!

Queridos jovens, talvez algum de vocês ainda não veja claramente o que fazer da sua vida. Peça isso ao Senhor; Ele lhe fará entender o caminho. Como fez o jovem Samuel, que ouviu dentro de si a voz insistente do Senhor que o chamava, e não entendia, não sabia o que dizer, mas, com a ajuda do sacerdote Eli, no final respondeu àquela voz: Senhor, fala; eu escuto.[2] Peçam vocês também

[2]Cf. 1Sm 3,1-10.

a Jesus: Senhor, o que quereis que eu faça, que caminho devo seguir?

Caros amigos, novamente lhes agradeço por tudo o que fizeram nestes dias. Agradeço aos grupos pastorais, aos movimentos e novas comunidades que colocaram seus membros a serviço desta Jornada. Obrigado! Não se esqueçam de nada do que vocês viveram aqui! Podem contar sempre com minhas orações, e sei que posso contar com as orações de vocês. Uma última coisa: rezem por mim.

DISCURSO NA CERIMÔNIA DE DESPEDIDA

Aeroporto Internacional do
Galeão/Antônio Carlos Jobim, Rio de Janeiro
Domingo, 28 de julho de 2013

Senhor Vice-Presidente da República,
Distintas Autoridade Nacionais, Estaduais e Locais,
Senhor Arcebispo de São Sebastião do Rio de Janeiro,
Senhores Cardeais e Irmãos no Episcopado,
Queridos Amigos!

Dentro de alguns instantes, deixarei sua pátria para regressar a Roma. Parto com a alma cheia de recordações felizes; essas – estou certo – tornar-se-ão oração. Neste momento, já começo a sentir saudades. Saudades do Brasil, este povo tão grande e de grande coração; este povo tão amoroso. Saudades do sorriso aberto e sincero que vi em tantas pessoas, saudades do entusiasmo dos voluntários. Saudades da esperança no olhar dos jovens no Hospital São Francisco. Saudades da fé e da alegria em meio à adversidade dos moradores de Varginha. Tenho a certeza de que Cristo vive e está realmente presente no agir de tantos e tantas jovens e demais pessoas que encontrei nesta inesquecível semana. Obrigado pelo acolhimento e o calor da amizade que me foram demonstrados. Também disso começo a sentir saudades.

De modo particular agradeço à Senhora Presidente, aqui representada por seu Vice-Presidente, por ter-se feito intérprete dos sentimentos de todo o povo do Brasil para com o Sucessor de Pedro. Cordialmente agradeço a meus Irmãos Bispos e seus inúmeros colaboradores, por terem tornado estes dias uma celebração estupenda da nossa fé fecunda e jubilosa em Jesus Cristo. Agradeço, em especial, a dom Orani Tempesta, Arcebispo do Rio de Janeiro, seus Bispos-Auxiliares, e dom Raymundo Damasceno, Presidente da Conferência Episcopal. Agradeço a todos os que tomaram parte nas celebrações da Eucaristia e nos restantes eventos, àqueles que os organizaram, a quantos trabalharam para difundi-los através da mídia. Agradeço, enfim, a todas as pessoas que, de um modo ou outro, souberam acudir às necessidades de acolhida e gestão de uma multidão imensa de jovens, sem esquecer de tantas pessoas que, no silêncio e na simplicidade, rezaram para que esta Jornada Mundial da Juventude fosse uma verdadeira experiência de crescimento na fé. Que Deus recompense a todos, como só Ele sabe fazer!

Neste clima de gratidão e saudades, penso nos jovens, protagonistas desse grande encontro: Deus lhes abençoe por tão belo testemunho de participação viva, profunda e alegre nestes dias! Muitos de vocês vieram como discípulos nesta peregrinação; não tenho dúvida de que todos agora partem como missionários. A partir do testemunho de alegria e de serviço de vocês, façam florescer a civilização do amor. Mostrem com a vida que vale a pena gastar-se por grandes ideais, valorizar a dignidade de cada ser humano, e apostar em Cristo e no seu Evangelho. Foi Ele que viemos buscar nestes dias, porque Ele nos buscou primeiro, Ele nos faz arder o coração para anunciar a Boa Nova nas grandes metrópoles e nos pequenos povoados, no campo e em todos os locais deste nosso vasto mundo. Continuarei a nutrir uma esperança imensa nos jovens do Brasil e do mundo inteiro: através deles, Cristo está preparando uma nova primavera em todo o mundo. Eu vi os primeiros resultados desta sementeira; outros rejubilarão com a rica colheita!

O meu pensamento final, minha última expressão das saudades, dirige-se a Nossa Senhora Aparecida. Naquele amado Santuário, ajoelhei-me em prece pela humanidade inteira e, de modo especial, por todos os brasileiros. Pedi a Maria que robusteça em vocês a fé cristã, que é parte da nobre alma do Brasil, como também de muitos outros países, tesouro de sua cultura, alento e força para construírem uma nova humanidade na concórdia e na solidariedade.

O Papa vai embora e lhes diz "até breve", um "até breve" com saudades, e lhes pede, por favor, que não se esqueçam de rezar por ele. Este Papa precisa da oração de todos vocês. Um abraço para todos. Que Deus lhes abençoe!

ENCONTRO COM O JORNALISTAS DURANTE O VÔO DE REGRESSO

Domingo, 28 de julho de 2013

Padre Lombardi

Queridos amigos, temos a alegria de ter conosco, nesta viagem de regresso, o Santo Padre Francisco; foi tão gentil que nos disponibilizou um bom espaço de tempo para fazer conosco um balanço da viagem e responder com total liberdade às perguntas de vocês. Eu dou-lhe a palavra para uma pequena introdução e depois começamos com a lista daqueles que se inscreveram para falar, tomando um pouco dos diferentes grupos nacionais e lingüísticos. Então, a palavra a Vossa Santidade para começar.

Papa Francisco:

Boa noite e muito obrigado. Eu estou feliz. Foi uma bela viagem; espiritualmente fez-me bem. Estou bastante cansado, mas com o coração alegre, e estou bem, muito bem; fez-me bem espiritualmente. Encontrar as pessoas faz bem, porque o Senhor trabalha em cada um de nós, trabalha no coração, e a riqueza do Senhor é tão grande que sempre podemos receber muitas coisas bonitas dos outros. E isso faz-me bem. Isto, como um primeiro balanço. Depois direi que a bondade, o coração do povo brasileiro é grande; é verdade: é grande. É um povo muito amável, um povo que ama a festa; um povo que, mesmo na tribulação, sempre encontra uma estrada para buscar o bem em algum lugar. E isso é bom, é um povo alegre; o povo sofreu muito! É contagiosa a alegria dos brasileiros, é contagiosa! E tem um grande coração, este povo.

Depois devo falar sobre os organizadores, tanto da nossa parte, como da parte dos brasileiros; eu senti que me encontrava na frente de um computador, aquele computador em carne e osso... É a pura verdade! Estava tudo cronometrado, não estava? Mas era belo. Depois, tivemos problemas com as hipóteses de segurança: a segurança daqui, a segurança de lá; não houve um incidente em todo o Rio de Janeiro, nestes dias, e tudo era espontâneo. Com menos segurança, eu pude estar com a gente, abraçá-la, saudá-la, sem carros blindados... é a segurança de confiar em um povo. É verdade que existe sempre o perigo que haja um louco... sim, que haja um louco que faça alguma coisa; mas há também o Senhor! Entretanto, criar um espaço blindado entre o bispo e o povo é uma loucura, e eu prefiro aquela loucura: estar fora e correr o risco da outra loucura. Prefiro esta loucura: fora. A proximidade faz bem a todos.

Em seguida, a organização da Jornada, não me refiro a algo de específico, mas tudo: a parte artística, a parte religiosa, a parte catequética, a parte litúrgica... foi lindíssimo! Eles têm uma capacidade enorme de expressar-se na arte. Ontem, por exemplo, fizeram coisas lindíssimas, lindíssimas! Depois, Aparecida: para mim, Aparecida é uma experiência religiosa intensa. Lembro-me da V Conferência; eu tinha estado lá a rezar, a rezar. Eu queria ir sozinho, passar quase despercebido, mas havia uma multidão impressionante… Não era possível! Isso já o sabia antes de chegar. E nós oramos. Eu não sei... uma coisa... mas agora da parte de vocês. Seu trabalho, segundo me dizem – eu não li os jornais nestes dias, não tinha tempo, não vi a TV, nada –, dizem-me que foi um trabalho bom, bom, bom! Obrigado! Obrigado pela cooperação, obrigado pelo que fizeram! Depois, o número, o número dos jovens. Hoje – eu nem posso crer – mas hoje o governador falava de três milhões. Quase não posso acreditar. Mas olhando do altar – isso é verdade! – não sei se vocês, alguns de vocês estiveram no altar: olhando do altar, no final, toda a praia estava cheia, até a curva; mais de quatro quilômetros. Tantos jovens! E dizem – disse-me dom Tempesta – que eram de 178 países… 178! Também o vice-presidente disse-me este número: isso é certo. É importante! Forte!

PADRE LOMBARDI:

Obrigado. Então, vamos dar a palavra, primeiro, a Juan de Lara, que é da Agência EFE e é espanhol, sendo esta a última viagem que faz conosco; por isso nos deixa contentes dar-lhe esta possibilidade.

JUAN DE LARA:

Santidade, boa noite. Em nome de todos os colegas, quero agradecer-lhe por estes dias que nos presenteou no Rio de Janeiro, pelo trabalho que fez e o esforço que investiu. E também, em nome de todos os jornalistas espanhóis, queremos agradecer-lhe as orações e os gestos pelas vítimas do incidente ferroviário de Santiago de Compostela. Muitíssimo obrigado! A primeira questão tem pouco a ver com a viagem, mas, aproveitando esta oportunidade que me é dada, queria perguntar-lhe: Santidade, nestes quatro meses de pontificado, vimos que criou várias comissões para a reforma da Cúria. Queria saber: que tipo de reforma tem em mente? Contempla a possibilidade de suprimir o IOR, o chamado Banco do Vaticano? Obrigado!

PAPA FRANCISCO:

Os passos que fiz nestes quatro meses e meio derivam de duas vertentes: o conteúdo daquilo que se devia fazer, tudo, vem da vertente das Congregações Gerais dos Cardeais. Eram coisas que nós, Cardeais, tínhamos pedido àquele que haveria de tornar-se o novo Papa. Eu me lembro que pedi muitas coisas, pensando que seria outro... Pedíamos, por exemplo, para se fazer isso: a Comissão de oito Cardeais; sabemos que é importante ter um Organismo Consultivo externo, não os organismos consultivos que já existem, mas de fora. Isso põe-se cada vez na linha – aqui eu faço como que uma abstração, pensando, mas faço-o para explicá-lo – na linha do amadurecimento da relação entre sinodalidade e primado. Ou seja, estes oito Cardeais favorecem a sinodalidade, ajudam os diversos episcopados do mundo para se expressarem no próprio governo da Igreja. Há muitas propostas que foram feitas, mas que ainda não foram postas em prática, tais como a reforma da Secretaria do Sínodo, na metodologia; que a Comissão pós-Sinodal tenha caráter permanente de consulta; os Consistórios cardinalícios, com temáticas menos formais como, por exemplo, a canonização, mas também outras temáticas, etc. Ora bem, a vertente dos conteúdos vem de lá! A segunda vertente é a oportunidade. Confesso-lhes que para mim não me custou ver como primeiro ponto, no primeiro mês de Pontificado, organizar a Comissão dos oito Cardeais. A parte econômica, pensava tratá-la no próximo ano, porque não é a coisa mais importante que havia necessidade de tratar. Mas a agenda mudou por causa das circunstâncias que vocês conhecem e são de domínio público; surgiram problemas que tinham de ser enfrentados. O primeiro: o problema do IOR, ou seja, como orientá-lo, como delineá-lo, como reformulá-lo, como sanar aquilo que há para sanar. E aqui aparece a primeira Comissão de Referência – este é o seu nome. Vocês conhecem o Quirógrafo: o que se lhe pede, aqueles que a integram, tudo. Depois, tivemos a reunião da Comissão dos 15 Cardeais que se ocupam dos aspectos econômicos da Santa Sé. Eles provêm de todas as partes do mundo. E foi lá, ao preparar este encontro, que se viu a necessidade de fazer uma única Comissão de Referência para toda a economia da Santa Sé. Isto é, foi enfrentado o problema econômico que estava fora da agenda. São coisas que acontecem: quando, na função de governo, um vai para um lado mas jogam-lhe a bola do outro lado, e deve agarrá-la. Não é assim? Por conseguinte, a vida é assim, mas também isso faz a beleza da vida. Repito a pergunta que me fez a respeito do IOR... (Desculpem, estou lhes falando em castelhano. Desculpem, mas espontaneamente a resposta vinha-me em castelhano). Relativamente à pergunta que me fazia sobre o IOR, eu não sei como vai ficar o IOR. Alguns dizem que é melhor talvez que seja um banco, outros que seja um fundo de ajuda, outros dizem para fechá-lo. Bem! Ouvem-se essas vozes. Eu não sei. Eu tenho confiança no trabalho das pessoas do IOR que estão trabalhando sobre isso, incluindo a Comissão. O Presidente do IOR continua o mesmo que era antes, enquanto o Diretor e o Vice-Diretor pediram demissão. Mas, sobre isso, eu não saberei dizer-lhe como vai acabar essa história; e também isto é bom, porque se procura, se encontra; nós somos humanos nisto; devemos encontrar o melhor. Entretanto, não há dúvida de que as características do IOR – seja ele banco, seja fundo de ajuda ou qualquer outra coisa que seja – hão de ter transparência e honestidade. Assim ele deve ser. Obrigado!

PADRE LOMBARDI:

Muito obrigado, Santidade. Agora passamos para uma pessoa representante do grupo italiano, uma pessoa que o Santo Padre conhece bem: Andrea Tornielli, que lhe faz uma pergunta em nome do grupo italiano.

ANDREA TORNIELLI:

Santo Padre, eu tenho uma pergunta talvez um pouco indiscreta: correu o mundo a fotografia de Vossa Santidade que, à nossa partida, sobe a escada do avião carregando uma mala preta, e houve artigos em todo o mundo que comentaram esta novidade: sim, o Papa está subindo... digamos que nunca aconteceu que o Papa subisse com a sua bagagem de mão. Houve mesmo hipóteses sobre o conteúdo da mala preta. Então, minhas perguntas são: primeiro, por que o senhor carregou a sua mala preta e não a levou um colaborador; e, segundo, pode nos dizer o que levava dentro? Obrigado.

PAPA FRANCISCO:

Não tinha a chave da bomba atômica! Bem! Eu a levei porque sempre assim fiz: quando viajo, eu mesmo a carrego. Que tinha dentro? Tinha um barbeador, tinha o breviário, tinha a agenda, tinha um livro para ler – levei um sobre Santa Teresinha, de quem sou devoto. Eu sempre carreguei minha mala quando viajo: é normal. Devemos ser normais... Não sei... para mim é um pouco estranho isso que você me diz, que correu o mundo aquela fotografia.

Temos de nos habituar a ser normais. A normalidade da vida. Não sei, Andrea, se lhe respondi...

PADRE LOMBARDI:

Agora vamos dar a palavra a uma representante de língua portuguesa, Aura Miguel, que é da Rádio Renascença:

AURA MIGUEL:

Santidade, eu queria lhe perguntar por que motivo pede com tanta insistência para rezarmos pelo senhor. Não é normal, usual, ouvir um Papa pedir assim tanto para rezar por ele...

PAPA FRANCISCO:

Eu sempre pedi isso. Quando era presbítero, pedia isso, mas não com tanta freqüência; comecei a pedi-lo com uma certa freqüência no trabalho de bispo, porque eu sinto que, se não é o Senhor sustentar neste trabalho de ajudar o povo de Deus a avançar, uma pessoa não consegue... Eu me sinto verdadeiramente com muitas limitações, com muitos problemas, sinto-me também pecador – vocês sabem disso! – e devo pedir isso. Isso me vem de dentro! Também peço a Nossa Senhora que reze por mim ao Senhor. É um hábito, mas é um hábito que vem-me do coração e também pela necessidade que tenho para o meu trabalho. Eu sinto que devo pedir... Eu não sei, é assim...

PADRE LOMBARDI:

Agora passemos para o grupo de língua inglesa, e demos a palavra ao nosso colega Pullella, da Agência Reuters, que está aqui à frente.

PHILIP PULLELLA:

Santidade, em nome do grupo inglês, obrigado pela sua disponibilidade. O colega Juan de Lara já fez a pergunta que queríamos colocar; então eu continuo um pouco naquela linha... mas só um pouco: Santidade, ao procurar fazer essas mudanças, eu me lembro que o senhor disse ao grupo da América Latina que há muitos santos que trabalham no Vaticano, mas também pessoas que são um pouco menos santos, não? O Santo Padre encontrou resistências a esse seu desejo de mudar as coisas no Vaticano? Encontrou resistências? A segunda pergunta é: O senhor vive de modo muito austero, ficou em Santa Marta, etc. Vossa Santidade quer que seus colaboradores, mesmo os cardeais, sigam esse exemplo e vivam, quem sabe, em comunidade, ou é algo apenas para o senhor?

Papa Francisco:

As mudanças... as mudanças derivam também de duas vertentes: daquilo que nós, cardeais, pedimos, e daquilo que vem da minha personalidade. O senhor falava do fato de eu ter ficado em Santa Marta: mas eu não poderia viver sozinho no palácio, que não é luxuoso. O apartamento pontifício não é muito luxuoso! É espaçoso, é grande, mas não é luxuoso. Mas eu não posso viver sozinho ou com um pequenino grupo! Preciso de gente, encontrar pessoas, falar com as pessoas... E por isso, quando os alunos das escolas jesuítas me fizeram a pergunta: "Por que faz isso? Por austeridade, por pobreza?", eu respondi: Não, não. É simplesmente por motivos psiquiátricos: psicologicamente eu não posso. Cada um deve levar por diante a sua vida, com seu jeito de viver, de ser. Os cardeais que trabalham na Cúria não vivem como pessoas ricas e suntuosas: eles vivem em um pequeno apartamento, são austeros, eles são austeros. Aqueles que conheço; estes apartamentos que a APSA[1] dá aos cardeais. Depois parece-me que há outra coisa que eu queria dizer. Cada um deve viver como o Senhor lhe pediu para viver. Mas a austeridade – uma austeridade geral –, eu acho que é necessária para todos nós que trabalhamos ao serviço da Igreja. Existem tantos matizes relativos à austeridade... cada um deve procurar o seu caminho.

Quanto a santos, é verdade que existem santos: cardeais, padres, bispos, religiosas, leigos; pessoas que rezam, pessoas que trabalham tanto, e que visitam também os pobres em segredo. Eu conheço alguns que se preocupam

[1]Administração do Patrimônio da Sé Apostólica.

com dar de comer aos pobres ou depois, no seu tempo livre, vão para o ministério em uma igreja ou em outra... Eles são sacerdotes. Há santos na Cúria. E também há alguns que não são tão santos, e esses são os que fazem mais barulho. Vocês sabem que faz mais barulho uma árvore que cai do que uma floresta que cresce. E isso me faz sofrer, quando se dão essas coisas. Há alguns que dão escândalo, alguns. Nós temos este Monsenhor na cadeia; eu acho que ele ainda continua na cadeia; e não foi parar à cadeia porque se parecia precisamente com a Beata Imelda;[2] não, ele não era um santo. Estes são escândalos, que fazem sofrer. Uma coisa – nunca o disse, mas tenho notado isto – acho que a Cúria tem decaído um pouco do nível que possuía outrora, daqueles veteranos curiais... o perfil do veterano curial, fiel, que fazia o seu trabalho. Precisamos dessas pessoas. Eu acho que... ainda existem, mas não são tantos como outrora. O perfil do veterano curial: eu diria assim. Destes devemos ter mais. Se eu encontro resistências? Bem! Se há resistências, eu ainda não as vi. É verdade que eu não fiz muitas coisas; mas pode-se dizer que encontrei, isso sim, eu encontrei ajuda, e também encontrei pessoas leais. Por exemplo, eu gosto quando alguém me diz: "Eu não estou de acordo", e isso eu encontrei. "Isso não me é claro, não estou de acordo; eu digo-o, o senhor faça como melhor lhe parecer". Este é um verdadeiro colaborador. E eu encontrei isso na Cúria. E isso é bom. Mas, quando há aqueles que dizem: "Ah, que bom, que bom, que bom", e em seguida dizem o contrário por trás... Eu ainda não notei. Sim, talvez existam alguns, mas eu não notei. Enfim, em quatro meses, não se pode encontrar muita resistência...

---

[2]Beata Imelda Lambertini (1320-1333), consagrada a Nossa Senhora desde o nascimento, ainda muito jovem foi admitida no mosteiro dominicano de Santa Madelena di Val di Pietra, em Bolonha. Seu amor por Jesus Sacramentado era tanto que a fazia passar horas junto ao sacrário. E maravilhada pela Sagrada Eucaristia, via crescer no seu coração o desejo de receber Nosso Senhor no Santíssimo Sacramento da Comunhão, mas na época não era permitido às crianças. Na sua pureza inocente, morreu logo após a sua primeira comunhão, que se deu em circunstâncias miraculosas. Assim, ficou conhecida como a menina que morreu de felicidade. Seu corpo permanece incorrupto na Capela de São Sigismundo, em Bolonha – NE.

PADRE LOMBARDI:

Agora vamos passar a palavra para uma brasileira; parece-me justo. Temos, então, Patrícia Zorzan. Talvez possa aproximar-se também o Sr. Izoard, de modo que depois tenhamos também um francês.

PATRÍCIA ZORZAN:

Estou falando em nome dos brasileiros. A sociedade mudou, os jovens mudaram; e, no Brasil, se vêem tantos jovens. Vossa Santidade não falou sobre o aborto, sobre o casamento entre pessoas do mesmo sexo. No Brasil, foi aprovada uma lei que alarga o direito ao aborto e permitiu o casamento entre pessoas do mesmo sexo. Por que não falou sobre isso?

PAPA FRANCISCO:

A Igreja já se pronunciou perfeitamente sobre isso. Não era necessário voltar, como também não falei da fraude, da mentira ou de outras coisas sobre as quais a Igreja tem uma doutrina clara!

PATRÍCIA ZORZAN:

Mas é um assunto que interessa aos jovens...

PAPA FRANCISCO:

Sim, contudo não havia necessidade de falar sobre isso, mas das coisas positivas que abrem o caminho aos jovens. Não é verdade? Além disso, os jovens sabem perfeitamente qual é a posição da Igreja!

PATRÍCIA ZORZAN:

Qual é a posição de Vossa Santidade? Não pode dizê-la?

PAPA FRANCISCO:

A da Igreja. Sou filho da Igreja![3]

---

[3] "Dentre todos os crimes que o homem pode realizar contra a vida, o aborto provocado apresenta características que o tornam particularmente grave e abjurável. O Concílio Vaticano II define-o, juntamente com o infanticídio, 'crime abominável'", Encíclica *Evangelium Vitæ*, sobre o valor e a inviolabilidade da vida humana, Bem-aventurado Papa João Paulo II, março de 1995 – NE.

PADRE LOMBARDI:

Então, voltemos ao grupo espanhol: Dario Menor Torres... Ah, desculpem! É Izoard, que já tínhamos convocado. Por isso temos agora um do grupo francês... e, em seguida, Dario Menor.

ANTOINE-MARIE IZOARD:

Bom dia, Santidade. Em nome dos colegas de língua francesa do vôo: somos 9 neste vôo. Para um Papa que não quer dar entrevistas, estamos-lhe verdadeiramente gratos. Santidade, já desde 13 de março que apresenta-se como o Bispo de Roma, com uma insistência muito grande, muito intensa. Por isso nós queríamos entender qual é o sentido profundo dessa insistência: será talvez que trata-se mais de ecumenismo que de colegialidade, trata-se por acaso de ser *primus inter pares*[4] da Igreja? Obrigado.

PAPA FRANCISCO:

A verdade, nesse ponto, é que não se deve ir além do que diz. O Papa é bispo, Bispo de Roma; e porque é Bispo de Roma é sucessor de Pedro, Vigário de Cristo. São outros títulos, mas o primeiro título é "Bispo de Roma", e daí deriva tudo. Falar, pensar que isso queira dizer ser *primus inter pares*, não! Isso não se segue desse título. É simplesmente o primeiro título do Papa: Bispo de Roma. Mas temos também os outros... Eu acho que, naquilo que você disse, de haver algo de ecumenismo, penso que isso possa favorecer um pouco o ecumenismo. Mas, só isso...

PADRE LOMBARDI:

Agora, Dario Menor, de *La Razón*, de Espanha:

DARIO MENOR TORRES:

Uma pergunta sobre os seus sentimentos. Uma semana atrás, comentando a pergunta de uma criança que lhe interrogou como se sentia, e se alguém podia sonhar com ser Papa e desejar sê-lo. O senhor disse que era preciso ser

[4] "O primeiro entre iguais", o que seria dizer que o Bispo de Roma é igual em autoridade aos demais bispos – NE.

louco para fazer isso. Depois de sua primeira experiência entre a multidão de pessoas, como foram esses dias no Rio, pode contar como se sente sendo Papa, se é muito duro, se está feliz em sê-lo, e ainda se, de alguma forma, aumentou sua fé ou se, pelo contrário, teve qualquer dúvida. Obrigado!

Papa Francisco:

Fazer o trabalho de bispo é uma coisa bonita, é bonito. O problema é quando alguém procura aquele trabalho: isso já não é tão bonito, isso não é do Senhor. Mas, quando o Senhor chama um padre para se tornar bispo, isso é lindo. Há sempre o perigo de considerar-se um pouco superior aos outros, e não como os outros; considerar-se um pouco príncipe. São perigos e pecados. Mas o trabalho de bispo é bonito: é ajudar os irmãos a seguir em frente. O bispo à frente dos fiéis, para mostrar o caminho; o bispo no meio dos fiéis, para ajudar a comunhão; e o bispo atrás dos fiéis, porque muitas vezes os fiéis têm o faro do caminho. O bispo deve ser assim. A pergunta queria saber se isso me agradava... Sim, agrada-me ser bispo, eu gosto. Em Buenos Aires, eu era tão feliz, tão feliz! Fui feliz, é verdade. O Senhor me assistiu nisso. Mas já como padre eu fui feliz, e como bispo fui feliz. Neste sentido, digo: gosto!

Pergunta de outrem:

E ser o Papa?

Papa Francisco:

Também, também! Quando o Senhor coloca lá você, se você faz aquilo que o Senhor quer, você é feliz. Este é o meu sentimento, o que eu sinto.

Padre Lombardi:

Agora outro do grupo italiano: Salvatore Mazza, de *Avvenire*:

Salvatore Mazza:

Eu não posso sequer me levantar. Peço desculpa, não consigo sequer pôr-me de pé por causa de todos os fios que tenho debaixo de meus pés. Nós vimos o senhor nos últimos dias: vimo-lo cheio de energia, mesmo já noite alta. Agora nós o estamos vendo com o avião que balança e vemos que o senhor está calmamente em pé, sem um momento de hesitação. Nós queríamos perguntar-lhe: fala-se muito de próximas viagens; fala-se de viagem à Ásia, a Jerusalém, à Argentina. O senhor já tem um calendário mais ou menos definido para o próximo ano, ou está tudo ainda por decidir?

Papa Francisco:

Definido, definido, não há nada. Mas posso dizer-lhe algumas coisas que se está pensando. Ah! Está definido – desculpe – o dia 22 de setembro, em Cagliari; depois, a 4 de outubro, em Assis. Tenho em mente, na Itália, ir visitar os meus familiares; só um dia: tomar o avião de manhã e voltar com outro à noite, porque eles, coitados, me chamam e temos um bom relacionamento; mas tudo em um dia. Fora da Itália: o Patriarca Bartolomeu I quer fazer um encontro para comemorar os 50 anos do encontro entre Atenágoras e Paulo VI em Jerusalém. O próprio governo israelense fez-me um convite especial para ir a Jerusalém. Acho que o mesmo fez o governo da Autoridade Palestina. A isso se está pensando: não se sabe ao certo se se vai lá ou não... Depois, na América Latina, acho que não há possibilidade alguma de voltar, porque o Papa é latino-americano, porque seria a primeira viagem à América Latina... com esta, adeus! Temos que esperar um pouco! Creio que se possa ir à Ásia, mas isso está tudo no ar. Tive um convite para ir ao Sri Lanka e também às Filipinas. Mas, à Ásia, tem-se que ir... Porque o Papa Bento XVI não teve tempo para ir à Ásia, e é importante. Ele foi à Austrália e também esteve na Europa e na América, mas a Ásia... Quanto a ir à Argentina: neste momento, eu acho que pode esperar um pouco, porque todas estas viagens têm uma certa prioridade. Eu queria ir a Constantinopla, em 30 de setembro, para fazer uma visita a Bartolomeu I, mas não é possível, não é possível por causa da minha agenda. O nosso encontro, vamos fazê-lo em Jerusalém.

PERGUNTA DE OUTREM:

Fátima?

PAPA FRANCISCO:

Fátima, também há um convite para Fátima, é verdade, é verdade. Há um convite para ir a Fátima.

PERGUNTA DE OUTREM:

30 de setembro ou 30 de novembro?

PAPA FRANCISCO:

Novembro, novembro: dia de Santo André.[5]

PADRE LOMBARDI:

Bom. Agora vamos passar aos Estados Unidos, e chamamos Hada Messia, da *CNN*, para lhe fazer uma pergunta:

HADA MESSIA:

Salve... O senhor segura-se em pé melhor que eu... Não, não, não! Está bem, está bem. A minha pergunta é: quando o senhor encontrou os jovens argentinos disse a eles, um pouco a brincar e talvez um pouco a sério, que, às vezes, também o senhor sente-se enjaulado; queríamos saber a que se referia exatamente...

PAPA FRANCISCO:

Se você soubesse quantas vezes tive vontade de sair pelas ruas de Roma... É que, em Buenos Aires, eu gostava de caminhar pela rua, gostava tanto! Nesse sentido, sinto-me um pouco enjaulado. Mas, dizendo isso, devo afirmar também que estes homens da Gendarmeria vaticana são bons, bons, bons, e estou-lhes grato. Agora deixam-me fazer mais qualquer coisa. Eu penso... seu dever é cuidar da segurança. Enjaulado, nesse sentido. Eu gostaria de caminhar pela rua, mas entendo que não é possível: eu entendo isso. Nesse sentido, eu disse isso. É que o meu

[5]Santo André apóstolo, irmão mais velho de São Pedro, é o patrono do patriarcado de Constantinopla. Por isso a data seria especial para um encontro com o Patriarca Bartolomeu I – NE.

hábito era esse; como dizemos nós em Buenos Aires, eu era um padre *callejero*...

Padre Lombardi:

Agora vamos chamar novamente um brasileiro: é Márcio Campos. E peço também a Guénois que se aproxime, pois a vez próxima será para os franceses.

Papa Francisco:

Eu me interrogava a propósito do tempo... é que eles devem servir o jantar. Vocês estão com fome?

Vozes:

Não, não...

Márcio Campos:

Sua bênção, Santo Padre! Quero dizer para o senhor que, quando sentir saudades do Brasil, do povo brasileiro alegre, abrace a bandeira que eu entreguei para o senhor. Quero dizer também que desejo agradecer a meus colegas da *Folha de S. Paulo*, de *Estado*, *Globo* e *Veja* por lhes estar representando com uma pergunta. Santo Padre, é muito difícil acompanhar um Papa. Estamos todos cansados. O senhor está bem, e nós estamos todos cansados. No Brasil, a Igreja Católica tem perdido fiéis, com os anos. O movimento da Renovação Carismática é uma possibilidade para evitar que os fiéis procurem as igrejas pentecostais? Muito obrigado pela sua presença e muito obrigado por estar no seu vôo.

Papa Francisco:

É bem verdade o que você diz acerca do declínio dos fiéis: é verdade, é verdade. Há estatísticas. Nós conversamos com os bispos brasileiros sobre o problema, em uma reunião que tivemos ontem. A pergunta do senhor era sobre o Movimento da Renovação Carismática. Eu digolhes uma coisa. Nos anos..., no final dos anos setenta e início dos anos oitenta, eu não podia vê-los. Uma vez, falando sobre eles, eu dissera esta frase: "Estes confundem uma celebração litúrgica com uma escola de samba". Isto disse eu. Eu me arrependi. Depois conheci melhor. Verdade é também que o movimento, com bons conselheiros, tem feito um bom caminho. E agora penso que esse movimento faz muito bem à Igreja, em geral. Em Buenos Aires, eu os convocava freqüentemente e uma vez por ano eu celebrava uma missa com todos eles na catedral. Eu sempre lhes favoreci, depois que os compreendi, quando vi o bem que faziam. Porque, neste momento da Igreja – e aqui alargo um pouco a resposta –, eu acho que os movimentos são necessários. Os movimentos são uma graça do Espírito. "Mas como é possível subsistir um movimento que é tão livre?" Também a Igreja é livre! O Espírito Santo faz aquilo que quer. Além disso, o trabalho Dele é fazer harmonia. Mas eu acho que os movimentos sejam uma graça, aqueles movimentos que têm o espírito da Igreja. Por isso, creio que o Movimento da Renovação Carismática sirva não só para evitar que alguns passem às confissões pentecostais; mas é útil à própria Igreja! Nos renova. E cada um procura o próprio movimento, de acordo com o seu carisma, onde o Espírito o conduz.

Papa Francisco:

Eu estou cansado.

Padre Lombardi:

Agora Guénois, de *Le Figaro*, pelo grupo francês.

Jean-Marie Guénois:

Santo Padre, uma pergunta que é também do meu colega do *La Croix*: O senhor disse que a Igreja, sem a mulher, perde fecundidade. Que medidas concretas tomará? Por exemplo, o diaconato feminino ou uma mulher à frente de um dicastério? E uma pequena pergunta técnica: O senhor disse que estava cansado; tem um tratamento especial para o retorno? Obrigado, Santidade!

Papa Francisco:

Comecemos pela última. Não há nenhum tratamento especial neste avião. Eu estou na frente, em uma bela poltrona, comum, mas comum, aquela que todos têm. Eu mandei escrever uma carta e fazer um telefonema para dizer que eu não queria um tratamento especial no avião: é claro? Segundo, a mulher. Uma Igreja sem as mulheres é como o Colégio Apostólico sem Maria. O papel das mulheres na Igreja não é só a maternidade, a mãe de família, mas é mais forte: é precisamente o ícone da Virgem Maria, de Nossa Senhora; aquela que ajuda a Igreja a crescer. Mas pensem que Nossa Senhora é mais importante que os Apóstolos! É mais importante! A Igreja é feminina: é Igreja, é esposa, é mãe. Mas, na Igreja, a mulher não deve apenas... – não sei como dizer em italiano – o papel da mulher na Igreja não deve circunscrever-se a ser mãe, trabalhadora... Limitá-la, não! É outra coisa! Mas os Papas... Paulo VI escreveu uma coisa bonita sobre as mulheres,[6] mas acho que se deve avançar mais na explicitação deste papel e carisma da mulher. Você não pode entender uma Igreja sem mulheres, mas mulheres ativas na Igreja, com o seu perfil, que fazem avançar. Vem-me à mente um exemplo que não tem nada a ver com a Igreja, mas é um exemplo histórico: na América Latina, o Paraguai. Para mim, a mulher do Paraguai é a mulher mais gloriosa da América Latina. Você é paraguaio? Após a guerra, ficaram oito mulheres para cada homem, e essas mulheres fizeram uma escolha um pouco difícil: a escolha de ter filhos para salvar a pátria, a cultura, a fé e a língua. Na Igreja, temos de pensar a mulher sob essa perspectiva de escolhas arriscadas, mas como mulheres. Isso deve ser explicitado melhor. Eu acho que ainda não se fez uma profunda teologia da mulher na Igreja. Limitamo-nos a dizer que pode fazer isto, pode fazer aquilo, agora faz a

[6] "No cristianismo, de fato, mais que em qualquer outra religião, a mulher tem, desde as origens, um estatuto especial de dignidade, do qual o Novo Testamento nos atesta não poucos e não pequenos aspectos [...]; aparece com evidência que a mulher é destinada a fazer parte da estrutura viva e operante do cristianismo de modo tão relevante, que talvez ainda não tenham sido enucleadas todas as suas virtualidades", Papa Paulo VI, citado em outro beloo escrito, do Bem-aventurado Papa João Paulo II, Carta Apostólica *Mulieris Dignitatem*, nº 1 – NE.

coroinha, depois faz a leitura, é a presidente da Caritas...[7] Mas, há muito mais! É necessário fazer uma profunda teologia da mulher. Isso é o que eu penso.

PADRE LOMBARDI:

Pelo grupo espanhol, temos agora Pablo Ordaz, de *El País*:

PABLO ORDAZ:

Gostaríamos de saber como é sua relação de trabalho, e não só de amizade e colaboração, com Bento XVI – nunca antes houve uma situação semelhante –, saber se você tem contatos freqüentes e se ele lhe está ajudando neste trabalho. Muito obrigado!

PAPA FRANCISCO:

Creio que a última vez que houve dois Papas, ou três Papas, eles não se falavam; eles estavam brigando entre si para ver quem era o verdadeiro. Chegaram a ser três, durante o Cisma do Ocidente. Há uma coisa que qualifica a minha relação com Bento: eu o amo muito. Sempre o amei. Para mim, ele é um homem de Deus, um homem humilde, um homem que reza. Fiquei tão feliz quando ele foi eleito Papa. Mesmo quando renunciou, foi para mim um exemplo de grandeza! Um grande. Só um grande faz isso! Um homem de Deus e um homem de oração. Agora ele vive no Vaticano, e alguns dizem para mim: como é possível chegar a isto? Dois Papas, no Vaticano! Mas ele não lhe estorva? Ele não move revolução contra você? Enfim, todas essas coisas que dizem, não é? Eu encontrei uma frase para explicar isto: "É como ter o avô em casa", mas o avô sábio. É como, numa família, quando o avô está em casa, quando é venerado, amado, ouvido. Ele é um homem de prudência! Não se intromete. Eu lhe disse tantas vezes: "Santidade, receba, viva a sua vida, venha conosco". Ele veio para a inauguração e a bênção da estátua de São Miguel. Bem, aquela frase diz tudo. Para mim,

[7] *Caritas Internacionalis*, organização humanitária da Igreja Católica, fundada em 1924, no Congresso Eucarístico Mundial, em Amsterdã. Ocupa-se em cuidar dos pobres em situação de calamidade e urgência – NE.

é como ter o avô em casa: o meu pai. Se eu tivesse uma dificuldade ou uma coisa que não entendia, telefonaria: "Mas – me diga – eu posso fazer assim, isso?". E quando eu fui para falar sobre aquele problema sério do *Vatileaks*, ele me contou tudo com uma grande simplicidade... como se estivesse a serviço. Há uma coisa que não sei se vocês a sabem, eu acho que sim, mas não tenho a certeza: quando ele nos falou, no discurso de despedida, em 28 de fevereiro, disse-nos: "Entre vós, está o próximo Papa: eu lhe prometo obediência". Mas é um grande; este é um grande!

PADRE LOMBARDI:

Agora vamos dar a palavra novamente a uma brasileira, Anna Ferreira; aproxime-se também Gian Guido Vecchi, pelo grupo italiano.

ANNA FERREIRA:

Santo Padre, boa noite. Obrigado. Eu gostaria de dizer "obrigado" muitas vezes: obrigado porque você trouxe tanta alegria para o Brasil, e obrigado também por responder às nossas perguntas. Nós, jornalistas, gostamos muito de fazer perguntas. Queria saber o motivo por que ontem você falou aos bispos brasileiros sobre a participação das mulheres em nossa Igreja. Eu queria entender melhor: como deve ser esta participação de nós, mulheres, na Igreja? O que você acha também da ordenação das mulheres? Qual deve ser a nossa posição na Igreja?

PAPA FRANCISCO:

Eu queria explicar um pouco mais o que eu disse sobre a participação das mulheres na Igreja: não pode ser limitada ao fato de ser a coroinha ou a presidente da Caritas, a catequista... Não! Deve ser mais, mas profundamente mais, inclusive misticamente mais, juntamente com aquilo que eu já disse, da teologia da mulher. E, quanto à ordenação das mulheres, a Igreja falou de forma clara: "Não". Disse isso João Paulo II,[8] mas com uma formula-

[8]Cf. Carta Apostólica *Ordinatio Sacerdotalis*, sobre a ordenação sacerdotal reservada somente aos homens, Bem-aventurado Papa João Paulo II, maio de 1994 – NE.

ção definitiva. Aquela porta está fechada. Mas, a propósito disso, eu quero dizer-lhe uma coisa. Eu já disse isso, mas repito. Nossa Senhora, Maria, era mais importante que os Apóstolos, os bispos, os diáconos e os presbíteros. A mulher, na Igreja, é mais importante que os bispos e os presbíteros; o como é que devemos procurar explicitar melhor, porque eu acho que falta uma explicação teológica disso. Obrigado.

Padre Lombardi:

Gian Guido Vecchi, do *Corrière della Sera*. Peço para se aproximarem a senhora Pigozzi e Nicole... depois.

Gian Guido Vecchi:

Santo Padre, também nesta viagem falou várias vezes de misericórdia. A propósito do acesso aos sacramentos para os divorciados que voltaram a casar, há possibilidade que algo mude na disciplina da Igreja? Que esses sacramentos sejam uma ocasião para aproximar essas pessoas, em vez de uma barreira que os separa dos outros fiéis?

Papa Francisco:

Este é um tema que sempre pedem. A misericórdia é maior do que aquele caso que o senhor põe. Eu creio que este seja o tempo da misericórdia. Esta mudança de época e também os muitos problemas da Igreja – como o testemunho não bom de alguns padres, problemas mesmo de corrupção na Igreja, também o problema do clericalismo, só para exemplificar – deixaram muitos feridos, muitos feridos. E a Igreja é Mãe: deve ir curar os feridos, com misericórdia. Mas, se o Senhor não se cansa de perdoar, nós não temos outra escolha além desta: em primeiro lugar, curar os feridos. É mãe, a Igreja, e deve seguir por esse caminho de misericórdia. E encontrar uma misericórdia para todos. Mas eu acho que, quando o filho pródigo voltou para casa, o pai não lhe disse: "Mas ouça, fique à vontade: o que você fez com o dinheiro?". Não! Ele fez festa![9] Talvez depois, quando o filho quis falar, ele falou.

[9] Cf. Lc 15,11-32.

A Igreja deve fazer assim. Quando há pessoas... não se limitar a esperar por elas, mas sair ao seu encontro! Esta é a misericórdia. E eu penso que este seja um *kairós*:[10] este tempo é um *kairós* de misericórdia. Mas o primeiro que teve esta intuição foi João Paulo II: quando ele começou com Faustina Kowalska, com a Divina Misericórdia...[11] tinha algo em mente, ele intuíra que era uma necessidade deste tempo. Relativamente ao problema da comunhão para as pessoas em segunda união – já que os divorciados podem ir à comunhão, não há problema – mas, quando eles vivem em segunda união, não podem. Eu acho que é necessário estudar isso na totalidade da pastoral do matrimônio. E por isso é um problema. Mas os próprios ortodoxos – e aqui abro um parêntese – têm uma prática diferente. Eles seguem a teologia da economia, como eles dizem, e dão uma segunda possibilidade, permitem-no. Mas eu acho que este problema – e fecho o parêntese – deve ser estudado no quadro da pastoral do matrimônio. E, para isso, temos duas coisas: primeira, um dos temas a consultar a estes oito cardeais do Conselho dos Cardeais, com quem nos reuniremos nos dias 1, 2 e 3 de outubro, é como avançar na pastoral do matrimônio, e este problema será lançado lá. E uma segunda coisa: esteve comigo, quinze dias atrás, o secretário do Sínodo dos Bispos, para ver o tema do próximo Sínodo. O tema seria antropológico, mas olhando-o de um lado e de outro, indo e vindo, encontramos este tema antropológico: a fé como ajuda no planejamento da pessoa, mas na família, para se debruçar depois sobre a pastoral do matrimônio. Estamos a caminho de uma pastoral do matrimônio um pouco mais profunda. E este é um problema de todos, porque há

[10]Significa, em grego antigo, "momento oportuno"; na terminologia bíblica, é a situação, no tempo, onde se realiza o encontro entre Deus e o homens através da Revelação. 'Deus é o Senhor do tempo'(Sl 90,4) e deu a ele uma finalidade – NE.

[11]Santa Maria Faustina Kowalska (1905-1938), mística polonesa, apóstola da devoção à Divina Misericórdia. Inspiradora da Festa da Divina Misericórdia, celebrada no primeiro domingo depois da Páscoa, que o Bem-Aventurado João Paulo II estendeu à Igreja Universal – NE.

muitos, não? Por exemplo – digo apenas um – o cardeal Quarracino, meu predecessor, dizia que para ele metade dos matrimônios são nulos. Mas dizia isso por quê? Porque casam-se sem maturidade, casam-se sem notarem que é para toda a vida, ou casam-se porque socialmente se devem casar. E com isso tem a ver a própria pastoral do matrimônio. E também o problema judicial da nulidade dos matrimônios: isso deve ser revisto, porque os tribunais eclesiásticos não são suficientes para isso. É complexo o problema da pastoral do matrimônio. Obrigado!

PADRE LOMBARDI:

Obrigado. Agora temos a senhora Pigozzi, do *Paris Match*, que é ainda do grupo francês...

CAROLINE PIGOZZI:

Boa noite, Santo Padre. Queria saber se, desde que é Papa, se sente ainda jesuíta...

PAPA FRANCISCO:

Trata-se de uma questão teológica, porque os jesuítas fazem voto de obedecer ao Papa. Mas, se o Papa for jesuíta, será que deve fazer voto de obedecer ao Geral dos jesuítas? Eu não sei como se resolve isso... Eu sinto-me jesuíta em minha espiritualidade; na espiritualidade dos Exercícios, a espiritualidade, aquela que eu tenho no coração. E tanto me sinto assim que, dentro de três dias, irei celebrar com os jesuítas a festa de Santo Inácio: celebrarei de manhã a missa. Eu não mudei de espiritualidade, não. Francisco, sim; franciscano, não. Sinto-me jesuíta e penso como jesuíta. Não hipocritamente, mas penso como jesuíta. Obrigado, senhora!

PADRE LOMBARDI:

Se o senhor ainda tiver forças, há ainda qualquer pergunta. Agora, Nicole Winfield, que é da *Associated Press*, e há... Mas não era... Bem, eu tenho uma lista e aqui verdadeiramente... Pensava que vocês se tinham organizado. Está bem, Elizabetta! Ponha-se você também na lista. Desculpe.

NICOLE WINFIELD:

Santidade, obrigado mais uma vez por ter vindo "ao meio dos leões". Santidade, no quarto mês do seu pontificado, eu queria pedir-lhe para fazer um pequeno balanço. Pode-nos dizer qual foi a coisa melhor de ser Papa, algum detalhe engraçado, qual foi a pior, e qual foi a coisa que mais lhe surpreendeu nesse período?

PAPA FRANCISCO:

Mas eu não sei como responder a isso, verdadeiramente. Coisas ruins, ruins não houve. Coisas bonitas, sim! Por exemplo, o encontro com os Bispos italianos foi muito bom, muito bom. Como Bispo da capital da Itália, senti-me em casa com eles. E isso foi bom, mas não sei se tenha sido o melhor. Depois uma coisa dolorosa, mas que penetrou fundo no meu coração, foi a visita a Lampedusa. Essa é caso de chorar, mas fez-me bem aquilo. Quando chegam estes barcos, deixam-nos a algumas milhas de distância da costa e eles têm que chegar sozinhos com o barco. Isso me faz pena, porque penso que essas pessoas são vítimas de um sistema socioeconômico mundial. Mas a coisa pior – desculpe – que me veio foi uma dor ciática – é verdade! – que tive no primeiro mês, porque, para dar entrevistas, me sentava em uma poltrona e isso fez-me um pouco de mal. É uma dor ciática dolorosíssima, dolorosíssima! Não a desejo a ninguém! Mas outras coisas como falar com as pessoas, o encontro com os seminaristas e as religiosas foram lindas, muito lindas. Também o encontro com os estudantes dos colégios jesuítas foi belíssimo. Enfim... coisas boas!

PERGUNTA:

Qual é a coisa que mais tem surpreendido o senhor?

PAPA FRANCISCO:

As pessoas, as pessoas, as pessoas boas que eu encontrei. Encontrei tantas pessoas boas no Vaticano. Eu pensei no que digo; mas é verdade. É um dever de justiça dizê-lo: tantas pessoas boas. Muitas pessoas boas, tantas pessoas boas, mas boas, boas, boas!

PADRE LOMBARDI:

Agora Elisabetta... Santidade, esta já a conhece e também Sergio Rubini. Talvez possa aproximar-se; assim temos os argentinos.

ELISABETTA PIQUÉ:

Papa Francisco, antes de mais nada em nome dos cinqüenta mil argentinos que encontrei lá e me disseram: "Você vai viajar com o Papa; por favor, diga-lhe que ele foi fantástico, estupendo; pergunte a ele quando virá..." Mas Vossa Santidade já disse que não irá. Por isso, lhe faço uma pergunta mais difícil: ficou assustado quando viu o informe sobre *Vatileaks*?

PAPA FRANCISCO:

Não! Deixe-me contar-lhe uma história sobre o informe *Vatileaks*. Quando eu fui encontrar o Papa Bento, depois de termos rezado na capela, fomos ao escritório dele e eu vi uma grande caixa e um envelope grande. E Bento disse-me: "Nesta caixa grande, estão todas as declarações, as coisas que disseram as testemunhas, está tudo ali. Mas o resumo e o julgamento final estão neste envelope. E aqui se diz isto... isto... e isto...". Ele tinha tudo na cabeça! Mas que inteligência! Tudo na memória, tudo! Não me assustei, não. É um problema sério! Mas não me assustei.

SERGIO RUBÍN:

Santidade, duas coisas. A primeira é esta: o senhor insistiu em travar a perda de fiéis. No Brasil, foi muito forte. Espera que esta viagem contribua para que as pessoas voltem à Igreja e a sintam mais próximas? E a segunda, mais familiar: o senhor gostava muito da Argentina, e tinha bem dentro do coração Buenos Aires. Os argentinos se perguntam se o senhor não sente tanta falta da Buenos Aires que percorria no metrô, nos ônibus, caminhava pelas ruas. Muito obrigado!

PAPA FRANCISCO:

Eu acredito que uma viagem papal faz sempre bem. E eu acho que, no Brasil, isso vai fazer bem, e não somente a presença do Papa, mas aquilo que foi feito nesta Jornada Mundial da Juventude: eles se mobilizaram e farão muito bem, certamente ajudarão muito a Igreja. Entretanto, estes fiéis que saíram, muitos deles não são felizes, porque sentem que pertencem à Igreja. Penso que isso será positivo não só devido à viagem, mas sobretudo à Jornada: a Jornada foi um evento maravilhoso. Quanto a Buenos Aires, é verdade que às vezes me falta. Isso sinto. Mas é uma carência serena, é uma carência serena, é uma carência serena. Eu creio que você, Sergio, me conheça melhor que todos os outros; você pode responder a esta pergunta. Com o livro que escreveu!

PADRE LOMBARDI:

Agora temos o russo e, em seguida, havia Valentina, que é a decana e queria ela encerrar.

ALEXEY BUKALOV:

Boa noite, Santo Padre. Santo Padre, voltando ao ecumenismo: hoje os ortodoxos celebram 1.025 anos de cristianismo; haverá grandes celebrações em muitas capitais. Se quiser fazer um comentário sobre este fato, deixar-me-á feliz com isso. Obrigado.

PAPA FRANCISCO:

Nas Igrejas ortodoxas, foi conservada aquela liturgia primitiva, tão bela. Nós perdemos um pouco o sentido da adoração; elas conservam-no, elas louvam a Deus, elas adoram a Deus, cantam, o tempo não conta. O centro é Deus, e esta é uma riqueza que gostava de sublinhar nesta ocasião em que você me faz essa pergunta. Certa vez, falando da Igreja do Ocidente, da Europa Ocidental, sobretudo a Igreja mais crescida, me foi dita esta frase: *Lux ex oriente, ex ocidente luxus.*[12] O consumismo, o bem-estar fizeram-nos muito mal. Vocês, pelo contrário, mantiveram no centro essa beleza de Deus, como referência. Quando se lê Dostoiévski – eu acho que é, para todos nós, um autor que devemos ler e reler, porque tem uma

[12]A luz vem do Oriente; a luxúria do Ocidente – NE.

sabedoria – percebe-se qual é a alma russa, a alma oriental. É algo que nos fará muito bem. Precisamos dessa renovação, desse ar fresco do Oriente, dessa luz do Oriente. João Paulo II escreveu isso em sua Carta.[13] Mas, muitas vezes, o *luxus* do Ocidente nos faz perder o horizonte. Não sei, mas o que me ocorre dizer é isto: Obrigado!

PADRE LOMBARDI:

E então encerramos com Valentina; visto que tinha começado na viagem de ida, agora conclui na viagem de regresso.

VALENTINA ALAZRAKI:

Santidade, obrigado por ter mantido a promessa de responder às nossas perguntas no regresso...

PAPA FRANCISCO:

Fiz-lhes demorar o jantar...

VALENTINA ALAZRAKI:

Não importa, não importa. Bem, a pergunta de todos os mexicanos seria: quando vai a Guadalupe? Mas essa é dos mexicanos, a minha seria: Vossa Santidade irá canonizar dois grandes Papas, João XXIII e João Paulo II; eu queria saber qual é – a seu modo de ver – o modelo de santidade que sobressai num e noutro e qual é o impacto que eles tiveram na Igreja e na vida do senhor.

PAPA FRANCISCO:

João XXIII é um pouco a figura do "padre da aldeia", o padre que ama a cada um dos fiéis, que sabe cuidar dos fiéis e fez isso como bispo, como núncio. Se soubessem quantas certidões falsas de batismo passou na Turquia a favor dos judeus! É um corajoso, um padre de aldeia bom, com um sentido de humorismo muito grande, muito grande, e uma grande santidade. Quando era núncio, havia alguns no Vaticano que não gostavam muito dele e quando ele chegava para trazer coisas ou pedir, em alguns

[13] Cf. Carta Apostólica *Orientale Lumen*, Bem-Aventurado Papa João Paulo II, maio de 1995 – NE.

serviços faziam-no esperar. Nunca se lamentou: rezava o terço, lia o Breviário..., nunca se lamentou! Um manso, um humilde, e também um que se preocupava com os pobres. Quando o Cardeal Casaroli voltou de uma missão na Hungria ou no território da Checoslováquia de então – não me lembro qual das duas –, foi ter com ele para explicar-lhe como andara a missão, naquele período da diplomacia dos "pequeno passos". E houve a audiência – João XXIII morreria vinte dias depois – e quando Casaroli estava saindo, ele o parou: "Ah Eminência – não, não era Eminência – Excelência, uma pergunta: o senhor continua a visitar aqueles adolescentes?" (é que Casaroli ia ao cárcere juvenil de Casal del Marmo e jogava com eles). E Casaroli disse: "Sim, sim!". E João XXIII: "Nunca os abandone". Isso disse João XXIII a um diplomata, que acabava de fazer um périplo de diplomacia, uma viagem tão empenhada: "O senhor nunca abandone aqueles adolescentes". É um grande, um grande! Depois o evento do Concílio: é um homem dócil à voz de Deus, porque aquilo lhe veio do Espírito Santo; lhe veio e ele foi dócil. Pio XII pensava em fazê-lo, mas as circunstâncias não estavam ainda maduras para isso. Eu acho que este [João XXIII] não pensara nas circunstâncias: ele sentia aquilo e o fez. Um homem que se deixava guiar pelo Senhor. De João Paulo II, apetece-me chamar-lhe "o grande missionário da Igreja": é um missionário, é um missionário, um homem que levou o Evangelho a toda a parte; sabem-no melhor vocês do que eu. Quantas viagens ele fez? Nossa! Ele sentia este fogo de fazer avançar a Palavra do Senhor. É um Paulo, é um São Paulo, é um homem assim; e isso para mim é grande. E acho que fazer a cerimônia de canonização dos dois juntos será uma mensagem para a Igreja: estes dois são bons, eles são bons, são dois bons. Mas estão em curso as causas de Paulo VI e também do Papa Luciani [João Paulo I]: as causas destes dois estão em andamento. Uma coisa mais – creio que já a disse, mas não sei se aqui ou em outra parte –: a data de canonização. Pensava-se no dia 8 de dezembro deste ano, mas levanta-se um problema sério: aqueles que vêm da Polônia, os pobres – porque aqueles que têm meios podem vir de avião – mas os pobres que querem vir fazem-no de ônibus; e, em dezembro, as estradas já têm neve, acho que devemos repensar a data. Falei com o cardeal Dziwisz e ele me sugeriu duas possibilidades: o Cristo Rei deste ano, ou o domingo da Misericórdia do próximo ano. Eu acho que é um tempo curto o Cristo Rei deste ano, porque o Consistório será em 30 de setembro e, até ao final de outubro, há pouco tempo. Não sei, tenho de falar com o cardeal Amato sobre isso. Mas penso que não vai ser em 8 de dezembro.

PERGUNTA:

Mas serão canonizados juntos?

PAPA FRANCISCO:

Os dois juntos, sim.

PADRE LOMBARDI:

Obrigado, Santidade. Quem temos ainda? Ilze? Bem, com ela, teremos dado a palavra a todos mesmo, até mais dos que inicialmente se inscreveram...

ILZE SCAMPARINI:

Queria pedir licença para fazer uma pergunta um pouco delicada: outra imagem que também girou um pouco pelo mundo, foi a de Monsenhor Ricca e as notícias sobre a sua intimidade. Queria saber, Santidade, que pensa fazer em relação a este assunto? Como enfrentar esta questão e como Vossa Santidade pensa abordar toda a questão da *lobby* gay.

PAPA FRANCISCO:

No caso de Monsenhor Ricca; eu fiz aquilo que o Direito Canônico manda fazer, ou seja, a *investigatio previa*. E, a partir desta *investigatio*, não há nada de quanto o acusam, não encontramos nada sobre isso. Esta é a resposta. Mas eu queria acrescentar mais uma coisa sobre isso: eu vejo que muitas vezes na Igreja, fora deste caso e também neste caso, vão-se procurar, por exemplo, os "pecados de juventude" e isso é publicado. Atenção: não se trata de delitos; os delitos são coisa diferente: o abuso de menores é um delito. Não se trata disso, mas de pecados. Ora, se uma pessoa – leigo, sacerdote ou religiosa – cometeu um pecado e depois se converteu, o Senhor perdoa; e quando o Senhor perdoa, o Senhor esquece. E isso é importante para a nossa vida. Quando vamos nos confessar e dizemos, com verdade, "eu pequei nisto", o Senhor esquece e nós não temos o direito de não esquecer, porque corremos o risco de que o Senhor também não se esqueça dos nossos [pecados]. Isso é um perigo. Isso é importante: a teologia do pecado. Muitas vezes eu penso em São Pedro: fez um dos piores pecados, que é renegar a Cristo, e com este pecado Cristo o fez Papa. Devemos pensar muito. Mas, voltando à sua pergunta mais concreta: neste caso, eu fiz a *investigatio previa* e nada encontramos. Esta era a primeira pergunta. Depois, você falava do *lobby* gay. Bem! Escreve-se muito sobre a *lobby* gay. Eu ainda não encontrei ninguém com a carteira de identidade no Vaticano dizendo que é "gay". Dizem que há. Eu acho que, quando alguém se encontra com uma pessoa assim, deve distinguir entre o fato de que uma pessoa seja gay e o fato de formar um *lobby*, porque o *lobby* nem sempre é bom. Isso é mau. Se uma pessoa é gay e procura o Senhor e tem boa vontade, quem sou eu para a julgar? O *Catecismo da Igreja Católica* explica isso muito bem, dizendo – esperem um pouco... como diz...: "Não se devem marginalizar estas pessoas por isso, devem ser integradas na sociedade".[14] O problema não é ter essa tendência, não; devemos ser irmãos, porque este é apenas um; mas se há mais outro, outro. O problema é fazer *lobby* dessa tendência: *lobby* de gananciosos, *lobby* de políticos, *lobby* dos maçons, tanto *lobby*. A meu ver, este é o problema mais grave. E lhe agradeço muito por ter feito esta pergunta. Muito obrigado!

[14] Cf. CIC, § 2357-2359.

Padre Lombardi:

Obrigado. Parece-me que mais do que isto não se podia fazer. Abusamos até do Papa, que nos dissera que já estava um pouco cansado e lhe desejamos que descanse um pouco agora.

Papa Francisco:

Obrigado a vocês e boa noite, boa viagem e bom descanso.

Ficha Catalográfica

Papa Francisco
Não trago ouro nem prata: Palavras do Papa Francisco em sua Visita Apostólica durante a Jornada Mundial da Juventude 2013 / organização de Silvio Grimaldo e tradução da Libreria Editrice Vaticana e de Rodrigo Gurgel – Campinas, SP : Ecclesiae, 2013.

ISBN: 978-85-63160-49-2

1. Cristianismo 2. Catolicismo 3. Catequese.
I. Papa Francisco II. Título

CDD – 268

Índices para Catálogo Sistemático

1.Cristianismo– 230
2. Catolicismo – 282
3. Catequese – 268

Este livro foi impresso em agosto de 2013 pela Ecclesiae Editora. Os tipos usados são da família Sabon. O miolo foi feito com papel chambrill avena 80g, e a capa com cartão supremo 250g.